simplify your life®

Die Weihnachtsfreude wiederfinden

Werner Tiki Küstenmacher ist evangelischer Pfarrer und arbeitet seit 1990 als freiberuflicher Karikaturist und Autor. Er hat bereits über 50 Bücher veröffentlicht, darunter gemeinsam mit Lothar J. Seiwert den internationalen Bestseller *Simplify your life.* Seine Frau *Marion Küstenmacher* und er sind Chefredakteure des monatlich erscheinenden Beratungsdienstes *simplify your life®*. Zu diesem Dienst gehört auch die Website www.simplify.de

Marion und
Werner Tiki Küstenmacher

simplify your life

Die Weihnachtsfreude wiederfinden

mit Karikaturen von
Werner Tiki Küstenmacher

Campus Verlag
Frankfurt/New York

Bibliografische Information der Deutschen Bibliothek
Die Deutsche Bibliothek verzeichnet diese Publikation in der Deutschen Nationalbibliografie. Detaillierte bibliografische Daten sind im Internet über http://dnb.ddb.de abrufbar.
ISBN 3-593-37556-7

Umschlaggestaltung: Guido Klütsch, Köln
Umschlagmotiv: Werner Tiki Küstenmacher
Satz: Leingärtner, Nabburg
Druck und Bindung: Druckhaus Beltz, Hemsbach
Gedruckt auf säurefreiem und chlorfrei gebleichtem Papier.
Printed in Germany

Inhalt

Vorwort: Das ursprüngliche Weihnachten entdecken

Liebe Leserin, lieber Leser!

Eines möchten wir von vornherein festhalten: Wir sind ausgesprochene Weihnachtsfans. Sie brauchen also keine Sorge zu haben, dass wir Ihnen mit den Ratschlägen und Tipps in diesem Büchlein etwas von den Traditionen und Freuden des Weihnachtsfests wegnehmen wollen. Im Gegenteil! Wir bekommen von Jahr zu Jahr mehr den Eindruck, dass dieses schönste aller christlichen Feste unter seiner eigenen Schönheit langsam, aber sicher zusammenbricht. Im Zeitalter der allgegenwärtigen Medien erfahren wir ständig von neuen Bräuchen anderer Länder und integrieren sie in unsere eigenen Traditionen. Weihnachten ist zu einem Das-noch-das-noch-und-das-auch-noch-Fest geworden. Vor

lauter Weihnachtsbäumen sieht man den Wald nicht mehr.

Was war da eigentlich genau zu Weihnachten? Für eine Fernsehsendung haben wir einmal eine Umfrage in der Münchner Fußgängerzone gemacht. Von blanker Ahnungslosigkeit bis zu der festen Überzeugung, dass am Heiligen Abend Jesus gekreuzigt wurde, gab es eine Menge Halbwissen zu bestaunen.

Am Weihnachtsfest gedenken wir der zentralen Glaubensüberzeugung der Christen, dass Gott als Mensch auf die Erde gekommen ist, als Sohn von Maria. Es solllte ein Fest der Freude und des Erstaunens sein. So wie sich Gott in menschlicher Gestalt den Menschen geschenkt hat, so beschenken wir uns an diesem Abend gegenseitig – darauf kommt es an. Diese wunderbare Wahrheit ist durch allerlei Kram, Unwichtigkeiten und Brimborium unterschiedlichster Herkunft nach und nach zugebaut worden. Mit unserem Büchlein wollen wir Sie ermuntern, den herrlichen Kern dieses Fests wieder freizulegen. Dazu müssen Sie Rentiere, Jingle Bells und White Christmas nicht hassen. Sie sollten ihnen nur den richtigen Platz zuweisen: den Platz Nummer zwei.

Auf Platz eins gehört die Freude an Schöpfung und Schöpfer und an seiner grandiosen Idee, als kleiner Säugling seinen geliebten Menschen nahe zu sein.

Wir sind Weihnachtsfans, weil wir Jesusfans sind. Deswegen haben wir beide (evangelische) Theologie studiert und lange Zeit als Pfarrer beziehungsweise als Lektorin in einem theologischen Verlag gearbeitet. Sie müssen aber kein Theologe sein, um die Kraft des Weihnachtsfests erleben zu können, ja Sie brauchen nicht einmal besonders gläubig oder kirchlich engagiert zu sein. Es genügt, wenn Sie sich vom ursprünglichen Weihnachtszauber anstecken lassen, der sich unter einer dicken Schicht aus Unwichtigkeiten und Ablenkungen erstaunlich unversehrt erhalten hat.

Ein wunderbar einfaches Weihnachtsfest und einen einfachen Weg dorthin wünschen Ihnen

Marion und Werner Tiki Küstenmacher

Das Hohelied für Weihnachtsfrauen

(frei nach dem Gedicht des Apostels Paulus im 1. Brief an die Korinther, Kapitel 13)

Wenn ich mein Haus perfekt mit Lichterketten, Tannenzweigen und klingenden Glöckchen schmücke, aber keine Liebe für meine Familie habe, bin ich nichts als eine Dekorateurin.

Wenn ich mich in der Küche abmühe, kiloweise Weihnachtsplätzchen backe, Feinschmeckergerichte zubereite und zum Essen einen mustergültig gedeckten Tisch präsentiere, aber keine Liebe für meine Familie habe, bin ich nichts als eine Köchin.

Wenn ich in der Suppenküche mithelfe, im Seniorenheim Weihnachtslieder singe und all meinen Besitz an die Wohlfahrt spende, aber keine Liebe für meine Familie habe, gibt es mir gar nichts.

Wenn ich den Christbaum mit glänzenden Engeln und gehäkelten Eissternen schmücke, an ergreifenden Feiern teilnehme und im Chor Kantaten singe, aber das Jesuskind vergesse, dann habe ich nicht begriffen, worum es zu Weihnachten geht.

Die Liebe unterbricht das Backen, um das Kind zu umarmen.

Die Liebe lässt das Dekorieren sein und küsst den Ehemann.

Die Liebe ist freundlich trotz Eile und Stress.

Die Liebe beneidet andere nicht um ihr Haus mit ausgesuchtem Weihnachtsporzellan und passenden Tischtüchern.

Die Liebe schreit die Kinder nicht an, sondern ist dankbar, dass es sie gibt.

Die Liebe gibt nicht nur denen, die etwas zurückgeben, sondern beschenkt gerade die mit Freuden, die das Geschenk nicht erwidern können.

Die Liebe erträgt alles, glaubt alles, hofft alles, erduldet alles. Die Liebe hört niemals auf.

Fotohandys werden zerbrechen, Perlenketten werden verloren gehen, Golfschläger werden verrosten. Aber das Geschenk der Liebe wird bleiben.

Frohe Weihnachten!

Kraftquelle Weihnachten

Checken Sie mit dem folgenden Test zunächst schnell und unkompliziert Ihren persönlichen Weihachtsstressfaktor, um herauszufinden, wo Sie ansetzen müssen, um endlich das Weihnachten Ihrer Wünsche zu erleben.

Testen Sie Ihren Weihnachtsstressfaktor

Kreuzen Sie bitte an, welche dieser Aussagen auf Sie zutreffen:

- ☐ Ab Mitte Dezember bin ich nur noch nervös, brummig oder ungerecht.
- ☐ Am 25.12. bin ich regelmäßig völlig erschöpft.

- ☐ Irgendwann an den Feiertagen könnte ich aus der Haut fahren oder in Tränen ausbrechen.
- ☐ Zu Weihnachten gibt es immer wieder Familienkräche.
- ☐ Ich hasse es, drei Tage lang permanent beieinander zu hocken.
- ☐ Im Vorbereitungstrubel habe ich oft keine Zeit zum Essen, für eine erholsame Pause oder einen Spaziergang.
- ☐ Ich kann machen, was ich will, aber die Adventszeit scheint jedes Jahr dahinzurasen, die guten Vorsätze vom letzten Jahr bleiben unerfüllbar.
- ☐ Ich habe Angst davor, am Heiligen Abend allein zu sein – der Horror davor breitet sich schon Wochen vorher in mir aus.
- ☐ Ich muss an den Feiertagen nur herumfahren, um die Verwandtschaft zu besuchen, damit keiner beleidigt ist, weil man »nur zu den anderen« geht.
- ☐ Ich habe das Gefühl, alles nur »wegen der anderen« zu machen.

□ Weihnachten überschreite ich regelmäßig mein Budget und überziehe mein Konto.

□ Immer wieder komme ich enttäuscht aus dem Weihnachtsgottesdienst, weil ich mir »mehr wirkliches Weihnachten« erhofft habe.

□ Eigentlich hoffe ich jedes Jahr nur, dass Weihnachten schnell wieder vorbei ist.

Auswertung

Kein oder nur ein Kreuz: Herzlichen Glückwunsch! Sie haben den Dreh raus, Weihnachten auf eine angenehm ruhige Weise zu feiern. Doch ganz sicher werden Sie in diesem Büchlein noch Tipps finden, Ihr Weihnachtsfest noch schöner zu gestalten. Aber wirklich nötig haben Sie es nicht.

Zwei Kreuze: Sie scheinen bereits ein Weihnachtsvereinfacher zu sein. Wenn Sie in den Kapiteln nachlesen, wo Sie noch Nachholbedarf haben, können Sie sich dieses Jahr auf ein

Weihnachten freuen, dass entspannter kaum sein kein.

Drei oder mehr Kreuze: Ihr gewohntes Weihnachtsfest hat ziemlichen Vereinfachungsbedarf! Aber Vereinfachung ist möglich, denn die bisherigen unangenehmen Begleiterscheinungen sind kein Naturgesetz. Das gute, gelassene Weihnachtsfest ist näher, als Sie denken.

Das ursprüngliche Weihnachten

Ist Ihre Weihnachtszeit jedes Jahr mit Stress und Unmut verbunden? Das muss nicht so bleiben! Sie können Weihachten wieder als das erleben, was es eigentlich sein soll: eine frohe Zeit, ein Rückzug aus dem geschäftigen Treiben im Alltag und der beruflichen Hektik des Jahres.

Die Weihnachtszeit kann ein kraftspendendes, spirituelles Zwischenspiel sein, eine heilsame Unterbrechung, um sich auf sich selbst und seine Verbundenheit mit anderen zu besinnen. Erholsame Ruhe und entlastende Einfachheit werden Ihnen dabei helfen, die komplizierteste Zeit des Jahres mit Herzlichkeit und Tiefe zu erfüllen.

Dabei geht es nicht darum, Weihnachten überhaupt nicht mehr zu feiern oder die vertrauten alten Familienbräuche und Traditionen abzuschaffen. simplify-Weihnachten heißt, sich die richtigen Ideen herauszupicken, mit denen Sie Ihr ganz persönliches, vertrautes Weihnachten leichter und stressfreier erleben können. Sie brauchen also keineswegs 100 Tipps umzusetzen, sondern lediglich eine gute Auswahl zu treffen, um Ihr friedliches und fröhliches Weihnachtsfest feiern zu können. simplify-Weihnachten bedeutet auch, das Miteinander intensiver zu erleben und mehr aus dem Herzen als aus dem Geldbeutel heraus zu geben. So finden Sie die ursprüngliche Weihnachtsfreude wieder.

Wenn Sie Ihr persönliches frohes Fest feiern wollen, dann verabschieden Sie sich von dem Bild, das Ihnen die Werbung vorgibt. Wie das wirkliche Weihnachten für Sie aussehen soll, können nur Sie selbst herausfinden. Dann wird es mit Sicherheit auch das, was es von seinem Sinn her sein soll, ein Fest der Freude und liebevollen Begegnung.

Welches Weihnachten wollen Sie?

Auch wenn Weihnachten das traditionsreichste Fest ist, zwingt Sie niemand (außer Ihrer inneren Stimme), jedes Jahr mit hohem Aufwand das Gleiche zu zelebrieren. Mit etwas weniger festen Riten und dafür etwas mehr Spontaneität kann Ihr Weihnachten entspannter und herzlicher sein. Denken Sie immer daran: auf liebevolle Augenblicke kommt es an, nicht auf das 5-Gänge-Menü!

Die simplify-Weihnachtsrunde

Eine Familien- oder Paarkonferenz möglichst lange vor dem Beginn der Adventswochen ist einer der effizientesten simplify-Tipps für die Weihnachtszeit:

Rufen Sie alle Familienmitglieder zu einer »Weihnachtsrunde« zusammen – ausgenommen die Kleinsten, die noch an den Weihnachtsmann glauben. Erinnern Sie sich an möglichst viele vergangene Weihnachtsfeste. Was gefiel Ihnen so gut, dass Sie es gerne wieder erleben möchten? Was hat Sie gestört, belastet und genervt? Jeder erstellt zwei Listen mit jeweils mindestens fünf Punkten: Was ich zu Weihnachten mag und was nicht.

Setzen Sie alle Ihre fünf Sinne ein, um sich zu erinnern: Weihnachten setzt sich aus einer Unzahl von Düften, Gerüchen, Geräuschen, Farben und bestimmten Lichtarten zusammen, aus Gefühlen, Ritualen, inszenierten Begegnungen, schwer beschreibbaren Stimmungen und vertrauten Dingen zum Anschauen und Anfassen.

Auf die erste Liste kommt alles, was einem zu Weihnachten besonders gefällt und einem besonders wichtig ist (»Weihnachten wäre für mich nicht Weihnachten ohne …«). Wenn Sie wollen, beschreiben Sie ganz unten auf der Liste Ihre allerliebsten Weihnachtsmomente. Viele davon gehen in der Regel auf Kindheitserinnerungen zurück, und die meisten sind Genüsse einfacher Art.

Die zweite Liste enthält alles, auf das Sie am nächsten Fest gern verzichten können. Dabei gibt es keine Tabus. Schon das Schreiben so einer Liste kann ein grandioser Akt der Befreiung sein. In einer Familie erfuhren die Eltern bei dieser Gelegenheit, dass Oma keinen Stollen mag – jahrzehntelang hatte sie immer einen geschenkt bekommen und niemals gewagt, ihn abzulehnen!

Das Drei-Spalten-Programm Nun liest jeder reihum seine Liste vor. Seien Sie dabei auf herbe Enttäuschungen gefasst: Vielleicht hassen alle den Weihnachtsbraten, der für Sie der Inbegriff von Festlichkeit ist.

Finden Sie anschließend einen Konsens und stellen Sie gemeinsam eine Tabelle zusammen, die folgende drei Spalten enthält:

1. Was unbedingt zu Weihnachten gemacht werden soll
2. Was wir machen können, wenn genug Zeit dafür da ist

3. Was einfach wegfallen kann und ersatzlos gestrichen wird

Überlegen Sie bei jedem Punkt, ob er nur Teil eines perfekten Weihnachtsstylings ist oder Ihnen hilft, den »Geist der Weihnacht« zu finden und am Heiligen Abend froh und gelassen mit den Menschen zusammenzusein, die Ihnen etwas bedeuten. Als Faustregel gilt: Wenn einer etwas absolut hasst, sollte ein Weg gefunden werden, damit er es dieses Jahr nicht mehr mitmachen muss.

Es ist keine einfache Aufgabe, denn mancher wird bei dieser Konferenz Federn lassen und lieb gewordene Gewohnheiten aufgeben müssen. Aber Sie können sicher sein, dass das Ergebnis dieser ehrlichen Runde immer ein Weihnachten ist, das einfacher und stressfreier ist als die bisherigen Feste.

Klären Sie die Zuständigkeiten Als Nächstes halten Sie hinter jedem Punkt auf der Liste fest, wer sich um das Gewünschte kümmert. Wirklich gerecht werden sich die Aufgaben nie verteilen lassen, aber solch eine Liste sorgt dafür, dass nicht alles an Ihnen hängen bleibt. Größere

Kinder, die dadurch selbst Teil des Fests werden und nicht nur Zuschauer bleiben, erleben Weihnachten viel intensiver und glücklicher.

Vereinfachen Sie zum Schluss und streichen Sie gemeinsam Dinge von der Liste, um Raum für Ruhe zu gewinnen. Fragen Sie bei jedem Punkt: Warum wollen wir das tun? Lassen Sie Zeiten frei, in denen jeder für sich allein sein kann, auch und gerade an den Feiertagen. Dann hinterlassen die gemeinsamen Erlebnisse einen bleibenderen Eindruck und der gefürchtete »Hüttenkoller« wegen des tagelangen Aufeinander-Hockens entfällt.

Wenn Sie beschlossen haben, wie der 24. Dezember und die Zeit darum herum ablaufen soll, dürfen Sie sich nicht mehr von den Bildern und Behauptungen in der Werbung und den Illustrierten irritieren lassen: »Das Jahr der Luxusweihnachten«; »200 Ideen für Edelgeschenke«; »Machen Sie Ihr Haus zum Weihnachtstraum«; »Die schönsten Roben für den Heiligen Abend«. Die Botschaften werden immer raffinierter. Auch wenn Sie sich der Werbung gegenüber für immun halten, brauchen Sie eine dicke Haut und das Vertrauen, dass der vereinbarte Konsens in Ihrer Familie hält.

Die vereinfachte Familienkonferenz Eine simplify-Variante der Weihnachtsrunde: Hängen Sie Ende November ein großes Blatt Papier mit der Überschrift »So wünsche ich mir den 24. Dezember« auf, und stellen Sie ausreichend Stifte bereit. Wie von selbst sammelt sich dort, was am Heiligen Abend gemacht und was vermieden werden sollte, weil die Vorschläge des

einen meist mit Bemerkungen von anderen versehen werden. In der Woche vor Weihnachten wird dann gemeinsam »ausgewertet«. Vielleicht kommt dabei heraus, dass man anstelle des überfüllten Heiligabend-Gottesdienstes eine Hausweihnacht macht und erst am 25. 12. in die Kirche geht. (Alle Zutaten für eine Feier zu Hause finden Sie ab Seite 102.)

Finden Sie Ihren Vereinfachungslevel Werfen Sie einen Blick auf Ihre dreispaltige Weihnachtsliste. Wie sehr unterscheidet sich das Weihnachten, das dabei herausgekommen ist, von Ihrem bisherigen? Stufen Sie sich ein:

- Ist Ihnen bei dem einen oder anderen alten Weihnachtsbrauch, der in der Familienkonferenz gestrichen wurde, seltsam wehmütig ums Herz geworden? Dann zählen Sie zu den *normalen Vereinfachern*. Wenden Sie sich den vielfältigen Möglichkeiten zu, die gewachsenen Weihnachtsrituale liebevoll mit neuem Leben zu erfüllen – indem Sie unnötiges Brimborium abschaffen.

- Wenn Sie jedoch erleichtert aufatmen, endlich Unmengen alter Traditionen über Bord werfen zu dürfen, dann gehören Sie zu den *radikalen Vereinfachern*. Am Ende einiger Kapitel haben wir Tipps für extreme Simplifyer wie Sie zusammengestellt, erkennbar am Logo mit dem durchgestrichenen Weihnachtsmann. Zu jedem dieser Ratschläge liefern wir eine Erklärung, was Sie stattdessen tun können, um den guten Geist von Weihnachten trotzdem zu erhalten.

Suchen Sie in jedem Fall Mitstreiter und Verbündete. Sprechen Sie darüber, dass Sie Ihr Weihnachten ändern. Das macht die Sache leichter, und Sie profitieren von weiteren guten

Ideen der anderen. Je früher Sie im Familien- und Freundeskreis erzählen, dass Ihr Weihnachten dieses Jahr anders wird als bisher, desto besser können sich alle darauf einstellen.

So wird das Schenken zur reinen Freude

Warum schenken wir uns überhaupt etwas? Weil es Gemeinschaft erzeugt: Das englische Wort »community« hatte ursprünglich auch die Bedeutung »gemeinsamer Besitz«. Schenken ist das Gegenmodell zu einer reinen Geldgesellschaft, in der jeder Handschlag, jede Dienstleistung und jede freundliche Geste bezahlt wird. Schenken ritualisiert das Geben und Nehmen, das für unser soziales Leben von enormer Bedeutung ist. Jedes Geschenk ist ein äußeres Zeichen für innere Zuwendung. In einer vom finanziellen Denken dominierten Umgebung ist das Schenkritual noch erhalten, geriet aber ebenfalls in die Zwänge der Geldstrukturen: Was kostet mein Geschenk und was kostet das, was ich geschenkt bekam? Schade, denn eigentlich ist es zu Weihnachten ganz anders gedacht: Die alte Weisheit, dass geben seliger ist als nehmen, lässt sich nämlich umdrehen.

Nehmen ist seliger denn geben Der tiefere Sinn der Weihnachtsgeschenke ist das Erlebnis, dass Gott uns mit seinem Kommen auf die Erde beschenkt. Das Beschenkt-werden ist daher weihnachtlicher als das Schenken. Nicht umsonst gelten kleine Kinder, die selbst noch keine Geschenke machen müssen, als die wahren Weihnachtskönner, denn sie *empfangen*. Unverdient, einfach so. Das ist der weltliche Ausdruck des geistlichen Begriffs »Gnade«: Wir haben es nicht durch unsere guten Werke verdient, dass Gott uns das Leben geschenkt hat. Er tat es einfach so, aus Großzügigkeit und Liebe.

Weihnachten ist nicht das Fest des Schenkens, sondern des Sich-beschenken-Lassens. Der Theologe Eberhard Jüngel hat es einmal noch pointierter ausgedrückt: »Sünde heißt, sich nicht beschenken zu lassen.« Wenn Sie diese tiefe Einsicht verinnerlichen, wird sich Ihre Einstellung zum weihnachtlichen Schenken entspannen und auf wunderbare Weise zur Kunst des Sich-Öffnens verwandeln.

»Etwas weniger« geben Durchbrechen Sie die Geschenkspirale, die immer größere, aufwändigere und teurere Gegengaben provoziert. Aber nicht, indem Sie ganz auf ein Geschenk verzichten. Denn das weckt beim anderen möglicherweise negative Vermutungen: »Dem bin ich nichts wert« oder »Der hat mich wohl vergessen.« Schenken Sie eine liebevoll ausgewählte, mit einem netten Brief versehene Kleinigkeit. Machen Sie dabei keine entschuldigenden Bemerkungen, sondern drücken Sie in erster Linie Ihre positiven Gefühle für den anderen Menschen aus. Damit machen Sie deutlich: Ihre Zuneigung ist Ihr Hauptgeschenk und die materielle Gabe lediglich ein Symbol dafür.

Trennen Sie Anschaffungen ab Der Junge braucht ein neues Fahrrad – also bekommt er es zu Weihnachten. Und der Papa eine neue Videokamera. Damit treten Sie, ohne es eigentlich zu wollen, einen regelrechten Preis-

krieg los: Weil der Vater die lang ersehnte Kamera bekommt, müssen für den Rest der Familie Geschenke von vergleichbarem Wert gefunden werden.

Die Lösung: Erklären Sie teure Anschaffungen, die Sie ohnehin irgendwann gemacht hätten, nicht zu Weihnachtspräsenten. Unter den Weihnachtsbaum sollen nur Geschenke, die symbolisch eine gute Verbindung ausdrücken. Dadurch nehmen Sie auch Druck von Ihren Kindern, die möglicherweise viel Geld ansparen, um Ihnen etwas Unnötiges zu kaufen, weil sie einigermaßen beim Preislevel mithalten wollen.

Vereinbaren Sie innerhalb Ihrer Familie, dass es nicht darauf ankommt, wie überraschend, wie wertvoll oder wie umfangreich ein Geschenk ist. Wichtig ist allein die Wertschätzung, die der eine dem anderen mit seinem Präsent gegenüber erweist. In den USA ist in manchen Familien ein Preislimit üblich (30 oder 50 Dollar), damit alle eine Chance haben.

Würdigen Sie den Beschenkten Alle Ihre Gaben, auch die fertig im Geschäft gekauften, sollten irgendwie Ihre persönliche Handschrift tragen. Manchmal reicht schon eine kleine handgeschriebene Bemerkung auf einem beiliegenden Kärtchen: »Ich bin froh, dass ich das für dich gefunden habe«; »Erinnerst du dich – im Sommer hatten wir über dieses Buch gesprochen.« Wenn der Beschenkte Ihrer Gabe ansieht, dass Sie sich Gedanken über ihn gemacht haben, gewinnt das Präsent seine eigentliche Bedeutung: Es ist ein Zeichen der Wertschätzung, Zuneigung und Liebe.

Bei Kindern und Jugendlichen geht es oft darum, einfach einen heiß ersehnten Wunsch erfüllt zu bekommen. Fügen Sie auch diesen Geschenken ein kleines Beziehungszeichen hinzu, das dem Kind Ihre Zuneigung zeigt. Machen Sie deutlich, dass Sie nicht nur das Geschenk, sondern vor allem den Beschenkten im Blick hatten.

Nehmen Sie Negativ-Wünsche ernst Wenn Sie Freunde und Verwandte nach deren Weihnachtswünschen fragen, hören Sie sicher häufig die Antwort: »Schenk mir nichts, ich hab doch alles.« Nehmen Sie diese Antwort wörtlich. So ein Abkommen ist ein praktikabler Versuch, aus

der Spirale des Immer-mehr-Gebens herauszukommen. Versuchen Sie daher nicht, sich trotzdem etwas auszudenken (was für Menschen, die schon alles haben, ja besonders schwierig ist). Geben Sie dem anderen die Hand, und versprechen Sie sich gegenseitig, Wort zu halten. Wenn der nicht darauf eingeht, war sein »Schenk mir nichts« nur eine Floskel. Sie selbst brauchen kein schlechtes Gewissen zu haben, wenn Sie die vereinbarte Abmachung eingehalten haben. Wiederholen Sie Ihre Abmachung und beim nächsten Mal wird es dann bei Ihnen beiden klappen.

Schreiben Sie nur Briefe Ein weiterer bewährter Weg, um aus der Geschenkspirale in guter Weise herauszukommen, spart zwar Geld, kostet aber Zeit: Versenden Sie freundliche, liebevolle Weihnachtsbriefe, und sprechen Sie darin das Thema Geschenke überhaupt nicht an. Erinnern Sie sich an das letzte Weihnachtsfest? Wie Sie nach dem Öffnen der Päckchen die Briefe gelesen haben? Für viele Menschen ist das mindestens so schön wie das Auspacken der Geschenke.

Drücken Sie dabei nicht auf die Tränendrüse. Sätze wie »Anstelle von Geschenken haben wir eine Spende an … überwiesen.« ersetzen nicht ein paar nette persönliche Zeilen. Spenden Sie lieber in aller Stille. Wer Gutes tut, muss damit nicht Reklame machen. Holen Sie in Ihrem Schreiben auch nicht zu einem Rundumschlag aus gegen die Ihrer Meinung nach überflüssige Kultur der Weihnachtsgeschenke. Damit beleidigen Sie Menschen, die mit besten Absichten weiterhin andere beschenken.

Ersetzen Sie aber bitte Ihre Weihnachtspost nicht durch Telefonate. Der Trend geht zwar zur mündlichen Kommunikation via Festnetz oder Handy, aber am Heiligen Abend und auch schon in der Zeit davor kann das Telefongeklingel ganz schön stören. Da sind Sie fein heraus, wenn Sie einen kurzen oder längeren schriftlichen Gruß geschickt haben. Nun können Sie sich Zeit lassen und wenn es sein muss, an einem der folgenden Tage anrufen.

Machen Sie bei Kindern eine Ausnahme. Mit Kindern sind solche gemeint, die selbst noch nichts schenken, also praktisch noch an

das Christkind oder den Weihnachtsmann »glauben«. Sie hätten wenig Verständnis für radikale simplify-Aktionen. Aber Sie müssen gerade bei Kindern den Gabenberg nicht Jahr für Jahr steigern. Wenn Sie sich genau nach den Wünschen des Kindes erkundigen und einen davon erfüllen, brauchen Sie nichts weiter zu schenken.

Noch eine wichtige Ausnahme sind amerikanische und englische Geschäftspartner und Freunde. Sie schätzen die Kartentradition hoch ein. Verzichten Sie dort besser nicht darauf.

Kaufen Sie ruhig einfache Karten. Die Regel lautet: Je herzlicher und persönlicher der Gruß, desto einfacher kann die Karte sein. Oder Sie lassen sich die Motive für Ihre Festtagsgrüße von Ihren Kindern malen. Versehen Sie sie noch mit lieben Weihnachtswünschen und machen Sie dann Farbkopien davon, mit dem PC oder im Copyshop. Vergessen Sie nicht, dass die Kinder ihr Werk vorher signiert haben. Genauso können Sie Ihre Kinder kleine Geschenkanhänger malen lassen. Kinder fühlen sich durch die Vervielfältigung ihrer Werke sehr gewürdigt, und es ist für die Kleinen angenehmer, als 20 Originalbilder fertigen zu müssen. Gut geeignet fürs Scannen und Ausdrucken sind einzelne Motive wie Tannenbaum, Stern, Päckchen, Engel, Kugel oder Schneeflocke. Diese Karten und Anhänger können Sie den lieben Großeltern oder Paten auch dutzendweise in einer schönen Schachtel schenken, als Grundausrüstung für das nächste Weihnachtsfest.

Das geheime Geschenk Verschicken Sie einen Engelsbrief ohne Absender an einen lieben Menschen, den Sie überraschen möchten. Egal, ob Sie einen längeren Brief oder eine Karte schreiben, es geht darum, dass Sie ein paar von Herzen kommende, freundliche Worte für die Person finden. Als Engel können Sie ein Lob aussprechen, für etwas danken oder eine kleine Beobachtung mitteilen, die dem anderen sagt, dass er wertgeschätzt und geliebt wird.

In manchen amerikanischen Familien ist es Tradition, jedes Jahr bedürftige Menschen anonym zu beschenken. Sie stellen am Weihnachtsabend einen mit Leckereien und anderen Geschenken gefüllten Korb vor die Tür einer Familie, die Hilfe gut gebrauchen kann, klingeln und rennen dann davon wie kleine Kinder. Machen Sie sich selbst die Freude, jedes Jahr *einen* Menschen zu beschenken, der nicht damit rechnet.

Beschenken Sie nicht Ihren Chef Die Grundregel lautet: Geschenke werden »heruntergereicht«. Wenn Sie von Ihrem Vorgesetzten ein Präsent erhalten, müssen Sie nicht mit einem Gegengeschenk reagieren, solange Sie keine besonders nahe Beziehung zu ihm haben. Auch bei Spontangeschenken von anderen Menschen sollten Sie sich bedanken, aber nicht verpflichtet fühlen. Nur so lässt sich die drohende Geschenkspirale beenden.

simplify-Geschenk-Ideen

Wenn Sie – vor allem bei nahen Verwandten und engen Freunden – das Schenken nicht ganz über Bord werfen möchten, finden Sie im

Folgenden einige Methoden, wie Sie sich das Beschaffen und Versenden materieller Gaben einfacher machen können.

Methode Eichhörnchen Sammeln Sie während des Jahres potenzielle Weihnachts- und Geburtstagsgeschenke in einer Kiste oder einer großen Schublade. Jedoch keinen Plunder, sondern nur schöne Dinge, die Sie auch selber gern bekämen. In Ihre Eichhörnchenkiste gehören auch Sachen, die Sie selber geschenkt bekommen haben, aber nicht brauchen und weitergeben möchten. Auf solche Gaben gehört unbedingt ein Post-it-Zettel mit dem Namen des Gebers. Denn nichts ist peinlicher, als wenn er es von Ihnen zurückerhielte!

Methode Weihnachtsmann Der Weihnachtsmann führt, wie wir aus Bilderbüchern wissen, ein dickes Buch, in dem er Wünsche und Geschenke genau notiert. Ein genialer Einfall zur Vereinfachung der Schenkerei! In einem Heft mit dem Titel »Wer wann was geschenkt bekam« können Sie spätestens im November

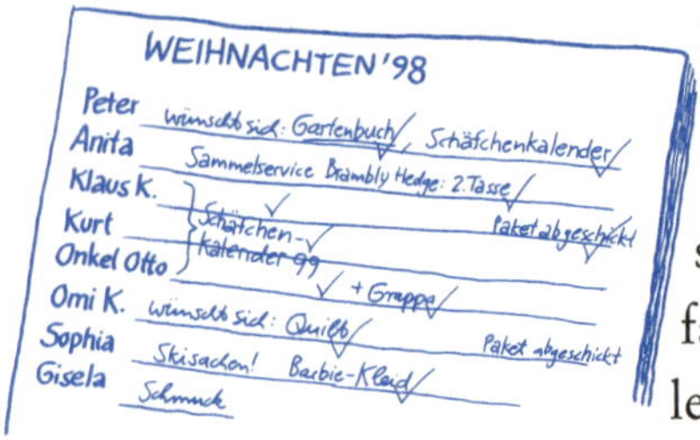

planen, was Sie im Dezember zu Weihnachten verschenken. Am Anfang wirkt das vielleicht kompliziert, aber spätestens im zweiten Jahr werden Sie merken, wie dieses Büchlein Ihre Weihnachtsnervosität entspannt.

Wir haben dafür ein liniertes Heft mit stabilen Deckblättern genommen. Inzwischen haben wir es seit fast 20 Jahren. Eingetragen haben wir alle, denen wir etwas zu Weihnachten schenken wollen. Unsere größeren Kinder benutzen es als Wunschzettel, indem sie hinter ihren Namen schreiben, was sie gerne bekämen. Im Rückblick ist es spannend zu sehen, welche Wünsche und Überraschungen es in den vergangenen Jahren gegeben hat.

Der besondere Vorteil des Geschenkbuches: Übers Jahr lassen sich hier auch beiläufig geäußerte Geschenkwünsche festhalten. Außerdem vermeiden Sie peinliche Doppelgeschenke. Stellen Sie sich vor, Onkel Herbert bekommt von Ihnen den gleichen Roman geschenkt wie im Vorjahr!

Methode Zaunpfahl Versetzen Sie sich auch einmal in die hinein, die Ihnen etwas schenken wollen – und lassen Sie im November durchblicken, worüber Sie sich freuen würden. Ihren Wink mit dem Zaunpfahl wird so mancher erleichtert aufgreifen.

Methode Gießkanne Sie brauchen nicht jeden mit einem ausgesuchten Spezialpräsent zu beglücken. Dehnen Sie eine gute Geschenkidee auf mehrere Leute aus. Wenn Sie einen schönen Kalender entdeckt haben, eine originelle Kaffeetasse, ein witziges Buch, dann schenken Sie das allen Ihren guten Freunden. Manches bekommen Sie im Dutzend sogar billiger.

Methode Sammeltasse Oder Sie dehnen eine Geschenkidee bei einer Person über mehrere Jahre aus: Schenken Sie jedes Jahr zu Weihnachten und zum Geburtstag ein Teil vom Traumporzellan, von einer Besteckserie, von der Modelleisenbahn, nach und nach schönes Gartenwerkzeug oder sonst etwas, das sich zuverlässig über Jahre

hinweg kaufen lässt. Aber klären Sie es bitte vorher mit dem Beschenkten offen ab, damit Sie nicht daneben liegen. Besonders gut geeignet ist diese Methode für den Familienkreis.

Methode Rentierschlitten Der Weihnachtsmann *lässt* herstellen, verpacken und liefern. Das ist etwas, das Sie sich von ihm abschauen können. Immer mehr Spezialversender bieten

einen kompletten Präsentservice. Zwei Beispiele: Zwei Flaschen edler Prosecco plus einer Dose Amaretti in stilvoller Geschenkverpackung für 22,90 Euro (Hawesko Präsent, Hamburger Str. 14, 25436 Tornesch) oder statt selbst gebackener Plätzchen ein edles Lebkuchen-Paket (Lebkuchen-Schmidt GmbH & Co. KG, Zollhausstr. 30, 90469 Nürnberg).

Methode Brieftaube Ein Zeitschriften-Abo für ein Jahr macht sich immer gut, weil Sie sich damit 12-mal in Erinnerung bringen.

Wie wär es mit *Die Yacht* für den Segler, *Gugelhupf* für Backfans, *P. M.* für Rundum-Interessierte und so weiter. Ja, sogar der monatliche

Beratungsdienst *simplify your life* lässt sich verschenken (www.simplify.de).

Methode Rundumschlag Wenn Sie in einer Familie nicht jeden einzeln beschenken möchten, schenken Sie »einen Heimkinoabend für alle«: eine Kiste mit einem aktuellen Kaufvideo, aufgemöbelt mit ein paar typischen Kino-Accessoires (Popcorn, Dosenbier, Sekt, Schokolade oder Gummibärchen) und eventuell noch einem Merchandising-Artikel passend zum Film (T-Shirt, Krawatte oder Buch aus der Videoabteilung von Kaufhäusern oder Medienmärkten).

Methode Talkshow Verschenken Sie Ereignisse, also Essenseinladungen, Konzertkarten oder Kinogutscheine. Eine originelle und preiswerte Lösung sind Karten für Talkshows oder Spielshows im Fernsehen. Die Telefonnummern für die Reservierung finden Sie im Videotext oder auf der Website des entsprechenden Senders. Wenn Sie wissen, auf welchen TV-Star der oder die Beschenkte steht, können Sie mit solch einem Geschenk eine große Freude machen.

Schenken Sie Erinnerungen Ein guter Rat für ältere Menschen: Schenken Sie Ihren erwachsenen Kindern jedes Weihnachten einen Fund aus Ihrem reichhaltigen Schatz alter Kinder-

sachen und anderer antiker Stücke. Solche »Dachbodengeschenke« sind in der Familie sehr beliebt, kosten keinen Cent und helfen Ihnen, schöne Erinnerungen an die nächste Generation weiterzugeben.

Eine gute Kompromisslösung: Zum Geburtstag wird ein Wunsch erfüllt, aber zu Weihnachten bekommt das Enkelkind etwas Wertvolles für seinen »Schatz«. Das kann ein Teil aus einem Silberbesteck sein, eine alte Münze, ein klassischer Kerzenleuchter oder eine andere Kostbarkeit. Sprechen Sie mit den Eltern des Kindes über diese Geschenkform und definieren Sie in etwa den Betrag, den Sie dafür ausgeben wollen.

Schenken Sie Zeit mit Viel beschäftigte Eltern schenken ihren Kindern gern großzügig Dinge, haben aber wenig Zeit. Der britische Börsenmakler Ernest Boulder heftet seinen Kindern eine Kopie seines Januar-Kalendariums an das Weihnachtsgeschenk, in der seine freien Termine eingezeichnet sind. Die Kinder tragen sich dort an einem Tag ein, an dem Papa dann mit ihnen das Geschenk ausprobiert.

»Das klingt sicher verrückt«, sagt Boulder, »aber meine Kinder haben ja auch Termine, und früher kamen wir trotz bester Absichten nie zusammen. Jetzt schenke ich meinen Kindern einen Tag meiner Zeit, und das klappt sehr gut.«

Besser als noch eine Uhr, noch eine Krawatte oder sonst noch ein Gegenstand sind Geschenke gemeinsamer Zeit: Karten für Konzert, Oper, Theater oder Kino; ein Tag im Museum mit Mittagessen im dortigen Restaurant; ein dreigängiges indisches Menü, nach Hause geliefert; ein Geschenkgutschein für eine Massage oder ein Wochenende in einem schönen Hotel.

Oder schenken Sie Zeit zum Alleinsein: für Ihren Partner eine Kurzkur, eine Exerzitienwoche oder einen Fastenurlaub. Letzteres ist kein Wink mit dem Zaunpfahl wegen Übergewicht, sondern eine geistige Erfahrung. Fast alle Klöster bieten so etwas auch für weltliche Besucher an.

Patengeschenk Schenken Sie als Patin oder Pate Ihrem Patenkind eine Kleinigkeit zum Auspacken und ein Erlebnis, zu dem Sie es einladen. Beispiel: Sie schenken jedes Jahr eine Figur aus einer Engelsserie, die an den Weihnachtsbaum gehängt wird. Mit den Jahren wird eine ganze Kollektion daraus, die das Kind einmal mitnehmen kann, wenn es erwachsen ist und sein eigenes Weihnachten ausrichtet. Das Ereignis kann variieren – mal ein Theaterbesuch, ein Wochenende mit Übernachtung oder ein Ausflug in den Zoo, in ein Erlebnisbad oder den Zirkus.

Verschenken Sie Ihre eigene Evangeliumshandschrift Machen Sie es wie die mittelalterlichen Mönche und schreiben Sie die Weihnachtsgeschichte von Hand ab, in Ihrer schönsten Handschrift. Nehmen Sie dafür ein Papier in satten, warmen Weihnachtsfarben wie rot oder dunkelgrün. Wenn Sie mit Gold- oder Silberstift schreiben, sieht der Text auf dunkelblauem oder schwarzem Papier sehr kostbar aus. Diese Schreibmeditation kann Ihnen Weihnachten wieder sehr nahe bringen und macht

auch anderen Freude. Wenn Sie Ihr Werk in einen feinen Rahmen stecken, haben Sie schon ein fertiges Geschenk. Den berühmten Text aus dem Lukasevangelium finden Sie in diesem Buch ab Seite 104.

Eine schnellere Alternative: Kopieren Sie den Text auf schönes Papier und legen Sie ihn Ihren Geschenken oder Briefen bei.

Nicht haben, sondern sein Ersetzen Sie materielle Geschenke durch ideelle. Schenken Sie Erlebnisse, Erfahrungen, Begegnungen oder Zeit in Form von Gutscheinen. Mit diesem starken Trend aus den USA setzen Sie auf persönliches Wachstum, Weiterentwicklung, Austausch, Networking und Zukunft. Manche davon sind fast oder gänzlich kostenlos. Einige können auch schon Jugendliche verschenken. Überlegen Sie, was Sie gut können oder gerne machen. Hier einige Beispiele:

- fünf Abende Babysitting (ein Traumgeschenk für junge Eltern!),
- ein Tag Hilfe beim Frühjahrsputz (oder beim Aufräumen von Garage, Dachboden ...),

- zwei Nachmittage Computerhilfe (beispielsweise Erstellen einer Homepage, ein eBay-Grundkurs, Aufbau eines Netzwerks zu Hause),
- zwei Tageskarten für ein Erlebnisbad,
- ein Kinogutscheinheft für zwei oder drei Filme nach Wahl (– vielleicht schenken Sie sich und dem anderen außerdem, dass Sie ihn dabei begleiten),
- ein Ausflug mit unbekanntem Ziel,
- zehn Stunden Nachhilfe in einem Schulfach,
- eine Einladung zu einem Vortrag oder einen Gutschein für ein Seminar nach Wahl (zum Beispiel einen Kursus in der Volkshochschule),

- einen Judokurs (oder andere Sportkurse),
- einmal Übernachten mit großem Frühstück (für Freunde, die im Urlaub durchreisen),
- dreimal Sägen und Hämmern beim Werkbanktreff (für Jungs ab 6),
- eine Fußreflexzonen- oder irgendeine andere Wohlfühlmassage,

- dreimal Rasenmähen (Bäume schneiden, Dachrinnen säubern ...),
- zwei Karten fürs Konzert der Lieblingsband,
- einmal das Auto waschen und saugen,
- Hilfe bei der Steuererklärung,
- Gartenmöbel streichen,
- einen Besuch bei der Kosmetikerin (oder gleich ein Wochenende auf einer Beautyfarm),
- einmal Aqua-Balancing (die sagenhafte Entspannung für Gestresste),
- eine Fahrt zu einem Spitzen-Fußballspiel oder einem anderen Sportturnier,
- einmal Hilfe beim Kochen und Backen für ein großes Fest,
- einmal Wohnung hüten während des Urlaubs (besonders toll, wenn dabei auch Katze und Hund versorgt werden).

Sich selbst entsorgende Geschenke Schenken Sie Dinge, die sich aufbrauchen und damit von selbst wieder verschwinden. Vorteil: Sie beanspruchen nur kurzfristig Platz und erzeugen meistens einen Genuss, was sie letztlich also auch immateriell macht. Denkbar sind zum Beispiel:

- edle Weine, Tee- oder Kaffeesorten (Achtung, hier müssen Sie die Vorlieben des Beschenkten gut kennen!),
- ein Riesenglas Gummibärchen oder Ähnliches (für mehrere Naschkatzen zusammen),

- ein Korb mit feinen Badeessenzen aus der Parfümerie (eine absolute Langzeitfreude!).

Vereinfachen Sie das Verpacken

Soll man überhaupt verpacken? Das Dilemma ist, dass eigentlich erst die Verpackung aus einem Gegenstand ein Geschenk macht. In der Schenkkultur Japans wäre ein unverpacktes Präsent eine Beleidigung, und auch bei uns wird der Unterschied unbewusst sehr wohl wahrgenommen.

Unverpackt geht's manchmal auch Es gibt allerdings Alternativen zum Einpacken. Vor drei Generationen gab es kein Einwickelpapier, und man hat trotzdem stimmungsvolle Weihnachten gefeiert. Oft wurde der Geschenkcharakter durch eine Schleife ausgedrückt, durch ein angehängtes Schild mit dem Namen des Beschenkten oder durch einen bestimmten Ort – was auf dem Gabentisch stand, wurde zur Gabe. Wenn Sie den Geschenketisch sehr klar definieren, könnte das auch heute noch funktionieren. Damals gab es allerdings im Vergleich zu heute nur sehr wenige Dinge, sodass auf einen Blick klar wurde, was neu dazugekommen war. Das ist heutzutage unübersichtlicher. Der sicherste Weg, um einen Gegenstand zum Geschenk zu machen, ist und bleibt daher das Einpacken.

simplify-Verpackungen Probieren Sie es mit wiederverwendbaren Materialien, zum Beispiel einem karierten Küchenhandtuch oder einer schönen Schachtel, die später selbst als Aufbewahrungsbehälter genutzt werden kann. Bei großen Gegenständen erinnern Sie sich an Omas Trick: Mit einer großen Schleife (die ebenfalls wiederverwendbar ist) können Sie beim Kinderdreirad ausdrücken, dass es sich um eine Weihnachtsgabe für den Junior handelt.

Edles Geschenkpapier ist teuer, unter Umweltaspekten umstritten, braucht viel Voraussicht (Was wird demnächst gebraucht?) und erfordert Platz zum Aufheben, wenn Sie für jeden Anlass passendes Papier bereithalten wollen. simplify-Tipp: Kaufen Sie nur einfarbiges Papier. Auf Rollen ist es besonders preiswert. Edel wirken die Farben Weiß, Rot, Dunkelblau und Schwarz. Mit diesen Farben sind Sie für jeden Geschenkanlass gerüstet.

Ein weiterer Vorteil der einfarbigen Verpackung ist, dass Sie Ihre Grüße, ein Stück vom Weihnachtsevangelium oder ein Weihnachtsgedicht (Texte ab Seite 103) direkt auf das fertig eingepackte Geschenk schreiben können. Wenn Sie ein Buch verschenken wollen, schreiben Sie einen Satz daraus auf das eingepackte Buch. Das macht neugierig, und Sie haben gleich einen originellen Gesprächsaufhänger bei einer Einladung.

Jede Handschrift sieht edel aus, wenn Sie dazu einen silbernen oder goldenen Permanent-Faserschreiber nehmen. Etwas Handschriftliches wirkt außerdem immer persönlich. Das ist besonders zu Weihnachten nützlich, wo von verschiedenen Seiten Geschenke gemacht werden. Wenn Sie Ihren Namen darauf geschrieben haben, ist immer klar, von wem das Geschenk kommt.

In Japan gehört es zum Service jedes Ladens, das Geschenk gleich im Geschäft schön einzupacken. Bei uns bieten das Parfümerien und viele Buchhändler an – wenn Sie nicht gerade in der Stoßzeit dort einkaufen. Aber Vorsicht: Ein professionell eingepacktes Geschenk kann steril wirken. Versehen Sie es daher mit einem handgeschriebenen Gruß auf einer angehängten Karte oder auch direkt aufs Einwickelpapier.

Spezialtipps für radikale Vereinfacher

Schenken Sie nichts Erinnern Sie sich noch, als Sie einmal vergessen hatten, jemanden zu beschenken? Das war doch viel weniger schlimm, als Sie dachten, oder? Stellen Sie sich vor, Sie vergäßen dieses Jahr alle … Das mag hart klingen, aber es ist nicht anders, als wenn Sie nur einen auslassen. Denn es weiß ja immer nur einer.

Überlassen Sie das Schenken dem Weihnachtsmann Die amerikanische Vereinfachungsspezialistin Elaine St. James hat ihren großen Familienkreis dazu gebracht, dass nur noch die Jüngsten Geschenke bekommen – also nur diejenigen, die noch an den Weihnachtsmann glauben. Alle Erwachsenen bekommen die viele Zeit geschenkt, die Sie sonst fürs Besorgen von Geschenken brauchen würde.

Tauschen statt Schenken Eine clevere Idee kommt aus Frankreich: Dort vereinbaren Freundinnen oder Freunde, nichts Neues füreinander zu kaufen, sondern sich Dinge zu schenken, die sie bereits besitzen. Das kann etwas zum Anziehen, zum Lesen, zum Anhören,

zum Trinken, Essen oder Ähnliches sein. Es gibt nur zwei Regeln: Das Tauschgeschenk sollte 1. in eine Tragetüte passen (damit nicht zu große Dinge den Besitzer wechseln), und 2. muss der Geber es lieben oder geliebt haben. Dadurch entsteht ein »Ring der Herzlichkeit«. Diese Methode (oder eine Abwandlung davon) ist eine gute Möglichkeit, die Vorweihnachtszeit weiter zu vereinfachen.

Der 50-km-Geschenke-Radius Ein Vorschlag aus England: Beschenken Sie nur Menschen, die Ihnen persönlich ins Gesicht sehen können, wenn sie sich bei Ihnen für das Geschenk bedanken. In der Regel sind das Leute, die in Ihrer Nähe wohnen. Der Hintergrund ist, dass Geschenke, die Sie mit der Post verschicken und für die sich der andere per Telefon oder Brief bedankt, oft unpassend sind. Häufig wissen Sie zu wenig über den anderen und seine aktuellen Vorlieben, Sie kennen seine Wohnung und seine derzeitige Stimmung nicht. Außerdem spüren Sie es beim persönlichen Dank besser, ob Ihr Geschenk wirklich Gefallen gefunden hat.

Extra-Tipp: Wenn Sie trotzdem auch weiter entfernt wohnenden Menschen etwas schenken möchten, es aber satt haben, mit schweren Paketen im Postamt Schlange zu stehen, besorgen Sie sich bei der Deutschen Post »Freeway-Marken mit Abholung«: Sie packen Ihre Pakete, wiegen Sie, kleben entsprechend Paketmarken auf und rufen bei der angegebenen Servicenummer an. Dann kommt ein Postauto und holt die Sachen bequem bei Ihnen zu Hause ab.

Wie Sie die Adventszeit gelassen genießen

Weihnachten, so denken viele, ist vor allem ein Organisationsproblem: »Ich muss dieses Jahr eben mit allem früher anfangen: früher Geschenke besorgen, früher Plätzchen backen, früher das Haus dekorieren.«

Aber das gelingt nie, denn Weihnachten hat primär nichts mit Organisation zu tun. Es ist ein hohes christliches Fest und ein wichtiger Fixpunkt im Bewusstsein jedes Familiensystems. Weihnachten vereinfachen bedeutet nicht, die bisherigen Tätigkeiten besser zu managen, sondern auf die wahre Bedeutung zurückzukommen und alles Unnötige wegzulassen. Vereinfachen heißt, weniger zu tun. Beginnen Sie damit schon in der Vorweihnachtszeit.

Vereinfachen Sie Ihr Gewissen

Früher waren die Adventswochen als Phase der Vorbereitung auf das Weihnachtsfest eine Fastenzeit: weniger essen und arbeiten, mehr Stille und Meditation. Das Ideal der »staaden Zeit« stammt aus der alten Agrargesellschaft, als die kalten, dunklen Winterwochen nicht nur still und geruhsam, sondern oft auch entsetzlich langweilig waren. Auf dem Feld konnte man nicht mehr arbeiten, da saß der Vater eben am Ofen und hat Krippenfiguren geschnitzt, um sich die Zeit zu vertreiben. In früheren städtischen Gesellschaften gab es das schon nicht mehr, da ging der Alltag auch im Advent weiter. Heutzutage sind die vorweihnachtlichen Wochen voll gepackt, so dass kaum alles zu bewältigen ist und sich das schlechte Gewissen bei jeder Gelegenheit meldet.

Der viel gescholtene Adventsstress hat einen sehr einfachen Grund: Der Dezember endet in den meisten Firmen de facto mit dem 23., er ist also der kürzeste Monat des Jahres. Ausgerechnet in dem Monat, in den die geschäftlichen Jahresabschlüsse und die privaten Vorbereitungen fürs Weihnachtsfest fallen, fehlt eine komplette Arbeitswoche.

Wenn Sie sich das klarmachen, fällt sofort der schlimmste Stressfaktor der Adventstage weg: Ihre Scham- und Schuldgefühle. Die Vorweihnachtszeit ist eine intensive Zeit. Wir haben für Sie ein paar Tipps zusammengetragen, wie Sie in diesen vollgestopften Tagen trotzdem Muße und Lebensfreude finden können.

Lockern Sie Ihre Standards Vereinbaren Sie, dass der Dezember ein simplify-Monat ist. Da darf es öfter einmal ein einfaches, schnelles

Essen geben, die Wäsche darf etwas ungebügelter, das Zimmer etwas unaufgeräumter sein. Die Vorweihnachtszeit ist ein Ausnahmezustand. Wenn jeder großzügiger und weniger gereizt ist als im restlichen Jahr, wird der bisherige Vorweihnachtsblues ausbleiben.

Ein alljährlicher Grund zum Ärgern ist der von der Geschäftswelt festgelegte Weihnachtsbeginn. Viele Menschen ärgern sich, dass schon im September Stollen in den Regalen liegt. simplify-Tipp: Ärgern Sie sich nicht, sondern legen Sie Ihren Weihnachtsstartpunkt selbst fest: »Ab dem ... beginnt für mich die Weihnachtszeit.« Kaufen Sie jedoch spätestens in der Woche nach dem 1. Advent Geschenke und Weihnachtsutensilien, sonst stehen Sie am Ende doch vor leeren Regalen.

Achten Sie auf Ihren Stresspegel. Wenn Sie merken, dass Sie trotz aller in der Weihnachtsrunde (Seite 17) getroffenen Vereinbarungen Unruhe befällt, dann senden Sie den übrigen Familienmitgliedern ein SOS-Zeichen. Besprechen Sie mit ihnen Ihre To-do-Liste und streichen Sie einige Punkte erbarmungslos. Sie können sicher sein, dass Sie durch das Reduzieren den Geist von Weihnachten nicht verlieren, sondern erst finden werden.

Blaue Stunde Einer der schönsten Bräuche, der für alle Beteiligten maximale Vorweihnachtsfreude erzeugen kann: In der Adventszeit wird während der Dämmerungsstunde von 17 bis 18 Uhr das Licht abgeschaltet. Auch Fernseher und PC bleiben in dieser

Stunde aus. Dann sitzt die Familie bei Kerzenschein zusammen (auch wenn Papa noch nicht zu Hause ist), singt zusammen, trinkt heißen Tee und liest sich eine Geschichte vor. Ihre Kinder werden noch als alte Menschen davon schwärmen!

Wenn Sie keine Kinder haben (oder keine im entsprechenden Alter), verschieben Sie Ihre blaue Adventsstunde auf den Abend, genießen Sie Ihre Zweisamkeit bei Kerzenlicht oder Kaminfeuer und hören Sie ruhige Musik. Der klassische Buchtipp für die blaue Stunde sind die Weihnachtserzählungen von Karl-Heinrich Waggerl: *Und es begab sich …* (Otto Müller Verlag, Salzburg. 9,50 Euro. ISBN 3-7013-0135-2).

Andere schöne Adventsbräuche sind ein Abendspaziergang mit Kerzen oder eine nächtliche Autofahrt zum Anschauen der Lichterdekorationen.

Die simplify-Teerunde Eine intelligente Tradition aus England: Treffen Sie sich mit Ihren

Freundinnen oder Freunden zu einem klassischen Nachmittagstee. Der Witz dabei: Jeder bringt einen hübschen Teebecher mit, nimmt aber den von jemand anders mit nach Hause. Auf diese Weise haben Sie den Ritus des gegenseitigen Beschenkens mit diesen Personen bereits abgehakt. Die erhaltene Tasse erinnert Sie das ganze Jahr an die Mitglieder Ihrer adventlichen Teerunde.

Verschenken Sie Hilfe Meistens hängt die Hauptlast der Weihnachtsvorbereitung in den Familien an einer Frau. Schenken Sie ihr (egal ob es Ihre Frau, Ihre Mutter oder Ihre Schwester ist) zum 1. Advent Unterstützung. Viele Aufgaben sind delegierbar (Päckchen fertig packen und zur Post bringen, Christbaum kaufen, mit Einkaufsliste alle Festtagszutaten besorgen, Krippe aufstellen und so weiter). Denken Sie daran, dass gleichzeitig zu den Weihnachtsvorbereitungen der ganz normale Haushalt gemeistert werden muss und auch hier Hilfe willkommen ist.

Verschenken Sie Stunden Eine der wertvollsten Gaben in der Adventszeit sind ein paar Stunden Muße. Wenn Sie der Veranstalter einer vereinbarten, aber

nicht unbedingt notwendigen Sitzung sind, dann machen sie allen eine Freude und sagen Sie das Meeting ab. Wenn Sie Überstunden angehäuft haben, nehmen Sie sich einen Nachmittag für Ihre Familie frei. Wenn Sie schlecht Nein sagen können, reservieren Sie schon im Oktober in jeder Adventswoche einen halben Tag in Ihrem Terminkalender für »Vorweihnachtsfreude« – Zeiten, die Sie mit nichts anderem füllen als mit etwas Atemholen.

Noch ein grandioses Zeitgeschenk, das Sie als Chef Ihren Mitarbeitern machen können: Verschieben Sie die übliche Weihnachtsfeier auf den Januar und geben Sie Ihren Leuten dafür in der Adventszeit ein paar Stunden frei. Sie sparen sich damit übrigens auch die peinliche Frage, wie weltlich oder christlich die traditionelle Firmenfete gestaltet werden soll. Bei einem Jahres-Start-Fest sind die Menschen in der Regel entspannter und motivierbarer für die vor ihnen liegenden Aufgaben. Garantiert wird Ihnen niemand für den wertvollen Freiraum in der Vorweihnachtszeit böse sein.

Werden Sie zum heimlichen Weihnachtsengel Überraschen Sie andere Familienmitglieder mit kleinen »Engelsbriefchen«, die plötzlich auftauchen: auf dem Kopfkissen, im Federmäppchen, in der Jackentasche oder in den Handschuhen. Der Engelsgruß muss nicht lang sein. Sie können den franziskanischen Segensgruß »Pace e bene« verwenden (»Frieden und Gutes«) oder auch nur einen lieben Satz schreiben (»Danke, dass es dich gibt«, »Dein Engel denkt an dich«, »Du bist wie ein guter … für mich!«).

Nutzen Sie die Medien anders Lassen Sie sich Ihre Gefühle nicht von den Medien diktieren. Jedes Jahr werden in den Nachrichten Kriege, Katastrophen und Krisen gezeigt, wegen denen »es dieses Jahr schwer fällt, zu feiern«. Aber die Auswahl der Themen haben nicht Sie getroffen, sondern eine Hand voll Meinungsmacher.

Nachrichtensendungen, vor allem die im Fernsehen, verzerren Ihre Wahrnehmung der Wirklichkeit. Nehmen Sie in der Vorweihnachtszeit die Welt direkt wahr. Sprechen Sie mit »richtigen« Menschen, besuchen Sie sie am Arbeitsplatz und erleben Sie andere Familien. Trennen Sie sehr genau: Was habe ich selbst erlebt und was wurde mir nur berichtet?

Weil das Fernsehen und die anderen Medien aus der ganzen Welt berichten, kommen sich viele Menschen global informiert vor. Dabei sind es nur winzige Ausschnitte, die Ihnen dort dargeboten werden, und in fast allen Medien sind es dieselben stereotypen Schnipsel. Bemühen Sie sich um Weltnachrichten aus erster Hand. Vereinbaren Sie, dass Anfang Dezember jedes Familienmitglied einem Menschen aus einem anderen Land schreiben (je weiter weg, desto besser) und um einen Brief zum Weihnachtsfest bitten soll. Aktivieren Sie ausländische Geschäftsfreunde, deutsche Freunde und Verwandte im Ausland und so weiter. Über das Internet lassen sich solche Kontakte inzwischen verblüffend unkompliziert herstellen. Lesen Sie sich am Heiligen Abend die Briefe vor. Schlagen Sie das auch Ihren Briefpartnern vor, denen Sie im Gegenzug einen Brief über Ihr Weihnachtsfest schreiben.

Vereinfachen Sie den Adventskalender In manchen Familien ist die Tradition eingezogen, ein Gestell, eine Leine oder sonst ein Gerät mit 24 Päckchen zu bestücken, damit die großen oder kleinen Kinder an jedem Tag im Dezember countdown-mäßig ein Präsent erhalten. Unser simplify-Tipp: Schaffen Sie diesen Brauch ab, denn er bringt eine Menge nutzloser Mini-Mitbringsel ins Haus. Vor allem aber verwässert er den eigentlich guten Brauch des Schenkens. Belassen Sie es bei einem ganz traditionellen Adventskalender pro Kind, einem mit Türchen, ohne Schokolade. Nach ein, zwei Tagen Protest gewöhnen sich Kinder leicht an diese einfachere Lösung und genießen am Heiligen Abend den Gabentisch umso mehr.

Verwenden Sie den guten alten Adventskalender für neue Zwecke und geben Sie

den 24 Türchen eine neue Bedeutung. Denken Sie bei jedem Türchen an das Jahr, in dem sie so alt waren wie die jeweilige Zahl. Bei den Nummern 1 bis 4 erinnern Sie sich an Ihre Eltern und stellen sich vor, wie die wohl damals mit Ihnen als Kleinkind Weihnachten gefeiert haben. Bei den anderen Ziffern kramen Sie in

Ihren eigenen Erinnerungen. Denken Sie dabei vor allem an die Menschen, die Ihnen geholfen haben. Ein schönes Gefühl von Dankbarkeit kann durch Ihre Adventszeit strömen – und manchmal auch ein wenig Erleichterung, nicht mehr 15 zu sein.

Vereinfachen Sie den Adventskranz Wenn Sie das alljährlich nadelnde grüne Ding nervt, dann lassen Sie den Adventskranz einfach weg. Eine Krippe ist weitaus weihnachtlicher als der Tannenkranz, den Johann Hinrich Wichern Ende des 19. Jahrhunderts für seine Waisenhauskinder erfunden hat. Es ging so viele Jahrhunderte ohne Adventskranz und ein paar Kerzenleuchter tun es auch.

Wenn Sie doch gerne einen klassischen Adventskranz haben, stellen Sie ihn nachts hinaus auf den Balkon und sprühen Sie ihn leicht mit Wasser ein. Kerzen und die meiste andere Dekoration vertragen einen leichten Sprühnebel. Das schützt nicht nur vorm Nadeln, sondern möglicherweise auch vor einem grässlichen Unglück: Ausgetrockenete und daher leicht entflammbare Adventskränze verursachen mindestens so häufig Zimmerbrände wie die großen brennenden Weihnachtsbäume.

Der Adventskranz lässt sich auch als alternativer Adventskalender nutzen: Schreiben Sie 24 weihnachtliche Sprüche, Zitate oder Gedanken auf kleine Zettelchen. Diese werden aufgerollt, mit roten Schleifchen zusammengebunden, nummeriert und an den Adventskranz gehängt. Alternativ können Sie mit diesen Sprüchen auch einen alten bestückbaren Adventskalender wieder »auffüllen«.

Sankt Nikolaus

Große Feste haben ein Vor-Fest: Die alte kirchliche Tradition feierte in der Passionszeit am Sonntag Lätare das »kleine Ostern« als Vorausblick auf das nahende große Fest der Auferstehung Jesu. Das entsprechende Vorausfest zum Weihnachtsabend ist der Gedenktag an den Heiligen Nikolaus. Wie kaum ein anderer repräsentiert er die fröhliche, kinderfreundliche und großzügig schenkende Seite des christlichen Glaubens.

Am 6. Dezember hat Sankt Nikolaus traditionellerweise seinen Gedenktag. Nikolaus war Bischof von Myra (einer Stadt in der heutigen Osttürkei), ein Freund der Kinder und berühmt für seine originelle Freigiebigkeit. Zwei armen Mädchen ohne Mitgift soll er einmal geholfen haben, indem er nachts ein paar Goldmünzen durch den Kamin in ihre zum Trocknen aufgehängten Strümpfe warf.

Im angelsächsischen Raum verlegte man den Gedenktag von »Santa Claus« auf das Weihnachtsfest und vermengte alles mit alten skandinavischen Geschichten von zipfelbemützten Zwergen, die auf Rentierschlitten große Säcke mit Geschenken zu den Kindern transportieren. In Mitteleuropa vermischten sich all diese Traditionen zu einer eigenartigen Dopplung: In der Adventszeit kommt ein Nikolaus mit Bischofsmütze, am Heiligen Abend ein Weihnachtsmann mit norwegischer Zipfelmütze und fliegendem Schlitten.

Müssen Kinder an den Nikolaus glauben? Erzählen Sie Ihren Kindern die Geschichte vom Heiligen Nikolaus und dem Geld in den Strümpfen. Erklären Sie Ihnen, dass Heilige als Vorbilder für andere dienen, sozusagen Promis aus alten Zeiten. Dann merken Kinder meist ganz von selbst, dass der Brauch mit den Süßigkeiten in Socken oder Stiefeln nicht das Zentrum, sondern nur eine Verzierung dieses Gedenktags ist.

Das Wunder der auf zauberhafte Weise sich nächtlich füllenden Strümpfe wird dadurch nicht geschmälert, sondern von den Kindern als Zugabe verstanden, als geheimnisvolle Verstärkung der Bedeutung dieses besonderen Tages.

Etwas kniffliger wird es mit der eigenartigen Doppelung von Nikolaus und Weihnachtsmann. Ideal wäre es, wenn Sie die klassische Aufteilung wieder einführen könnten: Sankt Nikolaus am 6. Dezember, das Jesuskind in der Krippe mit Engeln und allem Drum und Dran am 24. Dezember. Das »Christkind« (eine süddeutsche Mischung aus Jesus, Engel und altem heidnischen Schutzgeist) kommt dem wahren Weihnachtsgeschehen noch am nächsten. Wenn bei Ihnen der Weihnachtsmann dominiert, lassen Sie den doppelten Santa Claus am besten unkommentiert.

Das simplify-Produkt Krippe

Im Advent gibt es überall Sterne, Rentiere, Weihnachtsmänner und andere belanglose Symbole zu sehen Der eigentliche Anlass, die Geburt Jesu, wird fast zur Nebensache. Steuern Sie dem entgegen, indem Sie mindestens einmal ein Museum oder eine Kirche in Ihrer Nähe besuchen, in der eine Krippenszene aufgebaut ist. Am besten machen Sie in der Mittagspause oder auf dem Heimweg eine Mini-Wallfahrt dorthin.

Eine Krippe aufbauen Noch schöner ist es natürlich, wenn Sie selbst Ihre Krippe aufbauen. Diese Tradition geht auf Franz von Assisi zurück, der die heilige Szene mit richtigen Menschen und Tieren nachempfunden hat. Bald darauf hat man die weniger aufwändige

Methode mit kleinen geschnitzten oder modellierten Figuren entwickelt.

Starten Sie Ihre Krippe mit einem Ausflug in den Wald, um Moos, Wurzelholz, Stöcke und anderes zu sammeln. Danach wird die Weihnachtskrippe mit eben diesen Materialien aus der Natur aufgebaut und geschmückt. Der Vorteil: Ihre Krippe sieht jedes Jahr etwas anders aus.

Eine gute Krippe wächst übrigens langsam. Kaufen Sie jedes Jahr ein oder zwei neue Figuren. So entsteht im Lauf der Zeit eine Sammlung mit vielen Erinnerungen. Auf diese Art und Weise lässt sich eine alte, einfache Sammlung auch ganz allmählich in eine gediegenere umwandeln. Ent-perfektionieren Sie dabei Ihre Vorstellungen, denn schöner als eine vollkommene Krippe mit museumsreifen Figuren ist ein Potpourri Ihrer vielfältigen Andenken. Extra-Tipp: Machen Sie nach dem Aufbauen ein schönes Foto von Ihrer Krippe. Dieses Motiv kann nächstes Jahr Ihre Weihnachtspost schmücken.

Maria und Josef wandern In manchen Familien ist es Brauch, dass sich die Figuren von

Maria und Josef während der Adventszeit allmählich der Krippe nähern und dabei Tag für Tag ein Stück durchs Zimmer wandern. So spielen Sie die Reise der beiden vom ländlichen Galiläa in die Davidsstadt Bethlehem nach, wie sie im Lukasevangelium (Kapitel 2, 4–6) beschrieben ist.

Ein anderer schöner Brauch aus Irland gibt der Figurendarstellung der Weihnachtsgeschichte eine zusätzliche Bedeutung: Füllen Sie während der Adventszeit allmählich die leere Futterkrippe mit Stroh auf. Jedes Mal, wenn jemand aus der Familie etwas Gutes getan oder erfahren hat, legt er einen winzigen Halm hinein. Die Idee dahinter ist, einen guten Ort für das ankommende Jesuskind vorzubereiten (das natürlich erst am Heiligen Abend feierlich in die Krippe gelegt wird).

Krippengespräche Wenn Sie eine bunt bevölkerte Krippe mit vielen Figuren haben, können Sie darauf einen ganzen Adventsnachmittag aufbauen. Laden Sie die Familie oder Freunde zu einem Krippengespräch ein, frei nach dem Motto »Du kommst auch drin vor«. Nach einer besinnlichen Einstimmung mit ein paar schönen Liedern (von einer CD oder selbst gesungen) darf jeder sagen, wo er gerne in der Krippe stehen würde oder welche Figur er gerne wäre. Überlegen Sie gemeinsam, was das Kind in der Krippe zu jedem Einzelnen sagen würde.

Mit dieser kleinen Meditation »Welche Figur bin ich?« können Sie den Besuch einer Krippenausstellung wunderbar vertiefen. Gehen Sie beim Betrachten auf die Augenhöhe der Figuren. Stellen Sie sich vor, Sie wären selbst eine lebendige Krippenfigur und könnten in der Szenerie spazieren gehen. Wo würden Sie sich am wohlsten fühlen? Mit welcher Person würden Sie am liebsten sprechen?

Die simplify-Weihnachtsgeschichte

Lernen Sie von den Figuren der biblischen Weihnachtserzählung. Ein paar praktische Ideen, abgeleitet aus den Berichten im Lukasevangelium (Kapitel 1, 26 bis 2, 21) und im Matthäusevangelium (Kapitel 1, 18 bis 2, 23) finden Sie auf den folgenden Seiten.

Lernen Sie von den Hirten Treffen Sie sich mit Freunden zu einem dezemberlichen Nachtspaziergang und erleben Sie den Sternenhimmel. Gerade bei Minusgraden ist das Firmament oft besonders eindrucksvoll. Den Sternenhimmel zu sehen ist eines der ursprünglichsten (und preiswertesten) Nahrungsmittel für die Seele. Wärmen Sie sich mit einer Tasse heißem Tee

oder Glühwein aus der Thermoskanne. Gönnen Sie sich ein paar Minuten andächtiges Schweigen und Staunen. Wer weiß, vielleicht erleben Sie dabei etwas Ähnliches wie die Hirten auf dem Felde.

»Und als die Hirten das Kind gesehen hatten, breiteten Sie die Nachricht davon aus.« Wenn Sie etwas außergewöhnlich Gutes oder Schönes erlebt haben, dann schreiben Sie jemandem oder rufen Sie ihn an. Bilden Sie ein Netzwerk der guten Gedanken, indem Sie positive Erfahrungen und Eindrücke weitergeben. Nie sind Sie dazu motivierter als

im Dezember. Drehen Sie den gängigen Trend zu schlechten Nachrichten um und lassen Sie auch dann von sich hören, wenn es Ihnen gut geht. Dadurch werden Sie nach und nach von immer mehr freundlich gestimmten Menschen umgeben sein. Das gilt natürlich nicht nur für die Weihnachtszeit.

Lernen Sie von den Weisen aus dem Morgenland Glauben Sie nicht, dass Innovationen von »denen da oben« kommen. Das Neue, Überraschende kommt nicht von den Großen, sondern von den Kleinen. Das gilt für die Politik, für die Religion, für die Mode und für neueste Trends. Das gilt für Ihre Firma und für Ihre Lebensplanung. So wie der neugeborene König der Juden nicht im Jerusalemer Königspalast, sondern in einem abgelegenen Provinznest von den angereisten Sterndeutern entdeckt wurde, verstecken sich die meisten zukunftsweisenden Kräfte nicht in der Administration oder der oberen Führungsetage.

Lernen Sie von Maria und Josef Nehmen Sie sich Auszeiten, auch in einer Beziehung. In ihrer ersten Beziehungskrise gingen Maria und Josef auf Distanz: Maria zog für drei Monate zu ihrer Cousine Elisabeth. In der »Frauentankstelle« lief sie zur Höchstform auf und verfasste dort ihren berühmten Lobgesang, das Magnifikat. Josef dachte zunächst daran, seine Verlobte heimlich zu verlassen, denn er wusste ja, dass sie nicht von ihm geschwängert worden war. Hätte er das öffentlich gemacht, wäre Maria gesellschaftlich geächtet, ja vielleicht sogar zum Tode verurteilt worden. Dann aber nutzte er die Auszeit und nahm mithilfe seiner Träume Kontakt mit seinem Engel auf. Maria und Josef haben, auf diese Weise gestärkt, beide nicht an ihren Kränkungen festgehalten, sondern nach der Phase des guten Alleinseins einen neuen Anfang machen können. Schade, dass Josef in der christlichen Tradition zu einer farblosen, ja belächelten Gestalt geworden ist. Ohne seine männliche Tatkraft wäre das Abenteuer der Menschwerdung Gottes beendet gewesen, bevor es überhaupt so richtig angefangen hatte.

Lernen Sie von Gott Benutzen Sie einfache Worte und Symbole. Gerade große und geheimnisvolle Dinge lassen sich am besten mit schlichten, unverbrauchten Erkennungszeichen erfassen. Als Gott vor dem Problem stand, den Hirten das Wunder näher zu bringen, dass er als Mensch auf die Erde gekommen war, wählte er kein Feuerwerk und keinen theologischen Vortrag, sondern zwei Alltagsgegenstände: »Das habt zum Zeichen: Ihr werdet finden das Kind in Windeln gewickelt und in einer Futterkrippe liegen.« Machen Sie sich wegen Weihnachten nicht zu viel Sorgen. Es ist das Fest der Einfachheit.

Lernen Sie von anderen Die Art, Weihnachten zu feiern, hat sich immer verändert. Früher vielleicht nicht ganz so schnell wie heutzutage, aber immer wurde Weihnachten durch neue Bräuche beeinflusst, die Kaufleute, Seereisende und andere mitgebracht haben. Der Blick über den eigenen Tellerrand lohnt sich immer. Nur einige der vielen Möglichkeiten, von anderen zu lernen, wie Sie Weihnachten anders gestalten können, haben wir hier für Sie zusammengestellt:

- In Spanien und Mexiko werden der 24. und 25. Dezember als rein religiöses Fest begangen. Geschenke, Festessen und Familientreffen sind davon getrennt und finden erst am Dreikönigstag (6. Januar) statt.

- In Frankreich hat sich der Weihnachtsbaum im Blumentopf durchgesetzt, der im Frühjahr in den Garten oder in die freie Natur zurückgepflanzt wird.
- Im Erzgebirge ersetzt die (alle Jahre wiederverwendbare) Weihnachtspyramide den Christbaum.
- In Italien ist häufig eine Krippe mit vielen Figuren der Mittelpunkt des Weihnachtszimmers. Dabei ist es Brauch, dass jedes Jahr neue Figuren dazugekauft werden.
- Der heilige Stephan (Gedenktag am 26. Dezember) bringt in Holland, aber auch bei einigen Friesen die Geschenke. Wenn Sie Weihnachten arbeiten müssen, mit Singles-Freunden oder mit erwachsenen Kindern feiern, dann verlegen Sie doch den Geschenke-Teil von Weihnachten auf den 2. Feiertag. Weil der Heilige Stephan ein mitreißender Prediger und Redner war, dürfen Sie mit seinem Beistand rechnen, wenn Sie andere von dieser Idee überzeugen wollen. Der Heilige Abend gehört dann der Stille und Besinnung,

dem Besuch bei den Eltern oder eben Ihrem beruflichen Einsatz, mit dem Sie der Allgemeinheit einen Dienst erweisen.

Spezialtipps für radikale Vereinfacher

Fühlen Sie sich ruhig schuldig Der Hauptgrund, warum das weihnachtliche Familienfest Jahr für Jahr nach demselben Muster abläuft, ist die Angst vor Schuldgefühlen: dass man nicht genug getan hat, dass die Geschenke falsch waren, dass man am traditionellen Großfamilienfest am 25. Dezember nicht erscheint ... Bewerten Sie Ihre negativen Gefühle auf einer Skala von 1 bis 10. Wenn »sich schuldig fühlen« ein Unwohlsein von 4 erzeugt, die Teilnahme am verhassten Weihnachtsmahl bei den Großeltern aber eine volle 10 – dann entschuldigen Sie sich dieses Jahr höflich.

Lassen Sie die Weihnachtspost ganz weg Firmen und Privatleute klagen Jahr für Jahr über den anstrengenden Brauch, Weihnachtsgrüße zu versenden. In manchen Kreisen ist es üblich, zu

Weihnachten in einem Rundbrief Familiennachrichten an Bekannte weiterzugeben. Der radikale simplify-Vorschlag lautet daher: Streichen Sie diesen Brauch ersatzlos. Versenden Sie keine einzige Weihnachtskarte – und warten Sie ab, was passiert. Falls Sie sich nicht trauen, versenden Sie eine »letzte Weihnachtskarte«, in der Sie freundlich erläutern, dass Sie Ihr Leben vereinfachen möchten und den Weihnachtskartenversand ab dem nächsten Jahr aufgeben.

Genießen Sie die Stille In der alten Kirche war die Adventszeit eine Fastenzeit. Das wieder einzuführen, wäre heute etwas viel verlangt. Aber es ist ein guter Brauch, die Abende der

vier Adventsonntage in völliger Stille zu verbringen: ohne Fernsehen, Diskussionen und, wenn machbar, auch ohne elektrisches Licht, sondern mit Kerzenschein. Es gibt kaum eine einfachere und bessere Methode, um die Anspannung aus der Vorweihnachtszeit zu nehmen.

Die Hut-Methode Die amerikanische Familie Beck ist groß. Die Mitglieder sind über die halbe Welt verstreut. Es wäre sehr kompliziert, Geschenke für alle zu kaufen und zu versenden. Deshalb hat man dort

folgende Familientradition eingeführt: Man trifft sich einmal pro Jahr für ein paar Tage während der Sommerferien. Ein Hut wird mit den Namenszetteln aller gefüllt, und jeder zieht einen. Anstelle eines teuren und möglicherweise überflüssigen Geschenks schreibt jeder *einen* Weihnachtsbrief an die Person, die er gezogen hat. Er schreibt, was er an dieser Person mag, was er von ihr gelernt hat und was er ihr wünscht.

Weil die Namensziehung im Sommer stattfindet, hat jeder ausreichend Zeit, um sich Gedanken zu machen. Zwei Wochen vor Weihnachten schickt jeder seinen Brief ab, und am Weihnachtsabend liest jeder seinen Brief laut vor, wo und mit wem auch immer er feiert. Das ist eine einfache Idee, die die gesamte Großfamilie enger verbunden und die Vorweihnachtszeit entscheidend entkrampft hat.

Wenn Sie in der Familie nicht ganz auf Geschenke verzichten wollen, wandeln Sie die

Hut-Methode ab: Jeder besorgt nur ein Geschenk für denjenigen, dessen Namenszettel er aus dem Hut gefischt hat. Wer wen beschenkt, bleibt bis Weihnachten geheim. Diese Methode eignet sich besonders gut für Familien, in denen Teenies (mit knappem Geldbeutel) und gut betuchte Erwachsene zusammen feiern.

Eine weitere Variante für größere Familien, Wohngemeinschaften oder auch Kollegenteams, die in einem Haus arbeiten: In der letzten Novemberwoche werfen alle Mitbewohner beziehungsweise Mitarbeiter ein gefaltetes Zettelchen mit ihrem Namen in einen Hut. Dann darf jeder einen Namen ziehen, um zu erfahren, für wen er in der Adventszeit ein »unsichtbarer Engel« wird. Falls Sie den eigenen Namen gezogen haben, werfen Sie ihn wieder hinein und mischen noch einmal. Als Engel sorgen Sie hin und wieder für winzige Überraschungen: ein Bonbon in der Manteltasche, eine »himmlische« E-Mail, ein Goldsternchen auf der Kaffeetasse, ein Lebkuchen im Briefumschlag oder ein freundliches Grußkärtchen. Aber lassen Sie sich nicht erwischen! Es ist erstaunlich, wie gut dieses Engelsspiel für eine allgemein positive Weihnachtsatmosphäre sorgt. Da ohnehin kleine Gaben ausgetauscht werden, spart man sich auch noch die Geschenke. Die gemeinsame Weihnachtsfeier wird dann zum »Auflösungsfest«, bei dem sich alle Engel zu erkennen geben.

Rund um den Weihnachtsbaum

Der mit Kerzen geschmückte Tannenbaum ist für viele ein fester Bestandteil des Weihnachtsfests. Dabei ist er in seiner heutigen Form noch keine 400 Jahre alt. Seine Ursprünge liegen allerdings weiter zurück in heidnischen Sitten der Mittwinterzeit begründet.

Eine gemütlich-festliche Atmosphäre und leuchtende Kinderaugen kann solch ein Baum hervorbringen, doch bis der optimale Baum die Stube verzaubert, kann es ein langer, Nerven aufreibender Weg sein. Bewahren Sie lieber einen kühlen Kopf und gehen Sie die Sache einfach an.

Das Gulliver-Prinzip Gulliver erlebte im Land Lilliput, wie anders die Welt ist, wenn sich nur die Proportionen ändern. Dieses einfache

Prinzip können Sie auch in der Weihnachtszeit nutzen: Sie verändern an einer Stelle die gewohnten Größen und lassen dafür alles andere weg. Statt vieler kleiner Dekoteilchen hängen oder stellen Sie also *einen* riesigen Kranz auf oder *ein* eindrucksvolles Gesteck. Ein einziges großes, wirklich überzeugendes Element zieht so viel Aufmerksamkeit auf sich, dass Sie sonst nichts weiter brauchen.

Umgekehrt funktioniert das Prinzip auch: Klein aber fein! Nehmen Sie statt Ihrer gewohnten Tanne einen Miniaturweihnachtsbaum im Topf. Er ist schnell dekoriert und hat auf jedem Tisch Platz. Außerdem sparen Sie sich das Möbelrücken, um Platz für den Baum zu schaffen. Wenn Sie neben den kleinen Baum die Krippe stellen, wirkt sie viel größer und gewinnt wieder die Bedeutung, die ihr eigentlich zusteht.

Der ideale Christbaum …

… ist der nicht-ideale Baum! In mancher Ehe entsteht schon dadurch Stress, dass der eine dem anderen Vorwürfe wegen der Krüppelkiefer macht, welche der sich hat andrehen lassen. Wieder einmal liegt die Lösung im mutigen Abschied von der Vollkommenheit. Entperfektionieren Sie Ihre Vorstellungen vom Superbaum. Eine Tanne ist immer ein Naturgewächs, durch Witterung und andere Einflüsse hier etwas krumm, dort etwas schütter. Die Idealbäume in der Werbung wurden meist mit zusätzlich eingeschraubten Zweigen künstlich auf Traummaße getrimmt. Versöhnen Sie sich mit Ihrem sympathisch unvollkommenem Normalgehölz!

Der sichere Christbaum Keine Kompromisse sollten Sie dagegen bei der Standfestigkeit Ihres Baumes eingehen. Wenn das gute Stück nicht bombenfest steht, sichern Sie es durch ein Band oder einen Draht, den Sie mit einer Öse in der Wand verbinden. Bei Bäumen mit echten Kerzen ist Kippfestigkeit unverzichtbar. Aber selbst elektrisch beleuchtete Weihnachtsbäume können beim Umkippen auf umstehende Kerzen fallen und eine Katastrophe auslösen.

Eine simplify-Idee für alle, denen ein elektrisch beleuchteter Baum zu steril ist, brennende Kerzen aber zu umständlich und gefährlich sind: Verwenden Sie im unteren Bereich elektrische Kerzen oder eine Lichterkette, im oberen Bereich aber auch vier bis sechs echte Kerzen, sodass es ein bisschen flackert, nach Kerzenwachs riecht und doch ungefährlich für die Kinder ist.

Der gute alte Tipp, einen Eimer Wasser als Brandschutz in der Nähe des Lichterbaums bereit zu halten, ist bei Feuerwehrspezialisten umstritten. Empfehlenswert ist es jedenfalls, eine dicke Decke aus Wolle oder aus nicht entflammbaren Kunstfasern in der Nähe zu haben, mit der Sie im Fall des Falles das Feuer ersticken können. Die wichtigste Grundregel: Einen Baum mit echten Kerzen niemals unbeaufsichtigt lassen! Christbaumbrände gelten in der Regel als Fahrlässigkeit; die entstandenen Schäden deckt Ihre Hausratversicherung keineswegs immer ab.

Der nicht nadelnde Christbaum Warum lässt der eine Baum schon am ersten Weihnachtsfeiertag alle Nadeln fallen, und der andere sieht noch am Aschermittwoch wie frisch gepflanzt aus? Das A und O ist das Fälldatum. Die norwegischen Tannen, die bereits ab Oktober auf den Verkaufsplätzen warten, haben schon eine lange Zeit ohne Verbindung zu Mutter Erde hinter sich. Je einheimischer der Baum, um so größer ist die Chance, dass er sein grünes Kleid lange behält. Echte Tannen (bei uns meist Nordmanntannen) speichern in ihren weichen, fleischigen Nadeln mehr Feuchtigkeit als Fichten in ihrem pieksigen Grün. Wollen Sie Freude an Ihrem Baum und Spaß beim Schmücken haben, sparen Sie sich zwei Flaschen Spirituosen zum Feiern und investieren Sie lieber in einen etwas teureren Baum.

Tannenbäume nadeln außerdem nicht so schnell, wenn Sie einen mit Wasser gefüllten Christbaumständer verwenden und zusätzlich noch etwas Glyzerin oder Zucker in das Wasser geben.

simplify-Christbaumschmuck

Kaufen Sie jedes Jahr ein neues Stück Baumschmuck, das an ein wichtiges Ereignis in der Familie erinnert: die Geburt eines Kindes, eine neue Arbeitsstelle, eine neue Wohnung oder auch als Erinnerung an ein verstorbenes Familienmitglied. Im Laufe der Jahre sammelt sich der Schmuck am weihnachtlichen »Stammbaum« zu einer kleinen Familiengeschichte und macht das Schmücken zu einem besonders innigen Erlebnis.

Lassen Sie geheimnisvolle Symbole sprechen. Finden Sie für jeden Monat des vergangenen Jahres einen symbolischen Gegenstand, der die »Frucht« dieser vier Wochen darstellt oder einen guten Moment symbolisiert, an den Sie am Fest der Liebe erinnern möchten. Diese Dinge sollten nicht allzu groß und schwer sein, damit sie sich als Christbaumschmuck eignen. Beim Schmücken des Baumes oder in der Heiligen Nacht erzählt jeder, was seine Gegenstände bedeuten. Diese Idee eignet sich sehr gut für Familien mit größeren Kindern oder für Menschen, die mit Freunden Weihnachten feiern.

Alternativ können Sie für alle, die mit Ihnen Weihnachten feiern, ein kleines Symbol in den Baum hängen, das dessen »himmlische« Seite repräsentiert. Nach Weihnachten darf jeder sein Symbol mitnehmen. Falls Ihnen keine Symbole einfallen, bekommt jeder einen eigenen Stern.

Die unteren Zweige des Christbaums sind häufig etwas störend. Schneiden Sie sie ab und machen Sie ein flaches Weihnachtsgesteck daraus. Schön geschmückt und mit einer Kerze versehen, bringen Sie es kurz vor Weihnachten zum Friedhof. So stiften Sie eine besondere Verbindung zwischen der Familie unterm Weihnachtsbaum und den verstorbenen Angehörigen, die durch die Erinnerung ins Weihnachtsfest eingebunden sind.

Demokratisieren Sie den Christbaum Lassen Sie Ihre Kinder den Weihnachtsbaum mitdekorieren, auch wenn Sie das bisher als Geheimsache behandelt haben. (»Den Weihnachtsbaum schmücken die Engel.«) Das gemeinsame Herrichten des Lichterbaums macht die Zeit, die alle dafür verwenden, doppelt schön. Und der elterliche Stress, nach dem Einschlafen der lieben Kleinen am Abend des 23. Dezember den Baum zu behängen, entfällt. Wenn Sie das Schmücken am 24. Dezember bei Tageslicht durchführen, geht der abendliche Weihnachtszauber nicht verloren. Der kommt ganz von selbst, wenn die Kinder am Abend den erleuchteten Baum sehen.

Machen Sie das Anzünden der Kerzen am Heiligen Abend zu einem Ritual: Jeder darf reihum eine Kerze anzünden und sagen, an welchen Menschen oder welches Thema er dabei denkt. Wenn Sie aus Sicherheitsgründen den Baum mit elektrischem Licht versehen haben, zünden Sie Kerzen auf dem Weihnachtstisch an.

Kerzen-Tipps

Weiße, gelbe und cremefarbene Kerzen geben das wärmste Licht. Der Schein von blauen und grünen Kerzen wirkt kühler, sie passen eher auf eine festliche Tafel als auf den Adventskranz oder Christbaum. Rot ist die klassische Weihnachtskerze und »leuchtet« auch, wenn sie nicht brennt.

Ein paar Tricks aus Omas Zeiten: Alle Kerzen brennen länger und heller, wenn Sie auf das flüssige Wachs ein paar Salzkörner streuen. Legen Sie neue Kerzen eine Stunde lang in kaltes Salzwasser, dann tropfen sie nicht mehr. Wenn Ihre weißen Kerzen angeschmutzt sind, lassen sie sich mit einem im Benzin getauchten Läppchen reinigen. Dicke Wachsreste auf Ihren Leuchtern sollten Sie nicht abkratzen. Leichter geht es mit Hitze oder Kälte. Legen Sie den Leuchter eine Stunde ins Gefrierfach oder tauchen Sie ihn in sehr heißes Wasser. Das Wachs löst sich dann kinderleicht. Wenn Sie möchten, dass Ihre Kerzen bis zum letzten Rest abbrennen, befestigen Sie eine Korkscheibe mit einer Stecknadel am unteren Kerzenende.

Dicke Kerzen brennen meist nur in der Mitte ab, das äußere Wachs bleibt stehen. Schneiden Sie es regelmäßig mit einem scharfen Messer weg, damit die Kerze gleichmäßig hinunter brennen kann. Falls Sie dazu keine Zeit und Lust haben: Stellen Sie ein frisches Teelicht in die hohle Kerze, dann leuchtet sie wie im Originalzustand. Das Teelicht lässt sich beliebig oft erneuern, und Sie haben eine dauerhaft brennende Kerze. Auch wenn eine dicke Kerze gemütlich aussieht: Das stimmungsvollere Licht geben meist die billigeren und wartungsfrei brennenden, normalen dünnen Kerzen!

Weihnachten kulinarisch

Denken Sie bei der Planung der Feiertage daran, dass das traditionelle Festmahl für mindestens eine Person in der Familie sehr viel Vorbereitungszeit bedeutet. Eine bewährte simplify-Idee: Legen Sie das große Weihnachtsmenü auf den 26. Dezember. Am 24. gibt es abends ein möglichst einfaches Essen, das sich gut vorbereiten lässt oder schnell im Ofen warmgemacht wird (Bratwurst und Kartoffelsalat, Lachs im Blätterteig mit Reis, Königinpasteten mit Blattsalat, Brotzeit mit warmem Leberkäs).

Verderben Sie sich den herrlich entspannenden ersten Weihnachtsfeiertag nicht durch aufwändige Vorbereitungen fürs Mittagessen. Am 25. ist ein spätes Frühstück oder Brunch ideal. Alternativ können Sie für mittags oder abends einen Restaurantbesuch einplanen.

Der große Weihnachtsschmaus findet dann am 26. statt, mit Gänsebraten oder was immer bei Ihnen traditionell wohlige Erinnerungen weckt. Dafür wird an diesem Tag etwas spärlicher gefrühstückt und zu Abend gegessen.

Stroh auf dem Tisch Noch heute legt man in Polen und in Finnland beim Weihnachtsschmaus Stroh auf oder unter das Tischtuch. Damit wird an das Kind in der Krippe erinnert, dessen Geburtstag gefeiert wird. Nach dem Essen zieht sich jeder einen Halm daraus hervor. Je länger der Halm ist, desto länger wird man leben.

Wenn ein Gast zu spät kommt Empfangen Sie einen verspäteten Gast nicht mit einem Satz, der zwangsläufig dessen Stimmung killt (»Wo warst du nur, wir warten schon ewig auf dich!«). Machen Sie es wie der Vater im biblischen Gleichnis vom verlorenen Sohn und freuen Sie sich, dass er überhaupt kommt: »Schön, dass du es noch geschafft hast und mit uns feiern kannst.« Das gilt auch für erwachsene Kinder und andere

Familienmitglieder, die den Heiligen Abend bei Ihnen verbringen, anstatt anderswo zu feiern.

Vereinfachen Sie Ihre Erwartungen Machen Sie sich deutlich, dass Sie zwar einen günstigen Rahmen für das Fest schaffen können, Ihre Gäste aber letztlich für ihre Weihnachtsstimmung selbst verantwortlich sind. Ein gelungenes Fest ist immer eine Gemeinschaftsleistung. Haben Sie keine Scheu, auch an Ihre Gäste Aufgaben zu verteilen. Wenn sie merken, dass jemand allein herumsteht, fädeln Sie einen Kontakt ein: »Schau, Peter, das ist Irene, die ist genau so ein Weinfan wie du.« Machen Sie die Weihnachtszeit zu einer besonderen Zeit, indem Sie besonders sorgfältig und liebevoll mit den Menschen um sich herum umgehen.

Zwanglose Mahlzeiten Nicht viele gemeinsame Essen sind wichtig, sondern die gemeinsame Entspannung. Die Lösung ist: Ein für alle verbindliches Festessen genügt, danach werden die Mahlzeiten freigegeben. Bestücken

Sie vorher das Tiefkühlfach mit Fertiggerichten und aufbackbaren Brötchen. Bleiben Sie ruhig sitzen, wenn hungrige Teenies zu den unmöglichsten Zeiten auf der Jagd nach etwas Essbarem durch die Küche geistern. Verhungern wird keiner, sich selbst bedienen kann jeder.

Jesu Geburtstagskuchen Gerade bei kleinen Kindern geht angesichts der vielen Weihnachtsbräuche manchmal die ursprüngliche Bedeutung der Heiligen Nacht verloren. Die Amerikanerin Sara Wenger Shenk bäckt deswegen stets in den Tagen vor dem 24. Dezember einen kleinen Geburtstagskuchen, auf dem »Jesus« steht. Die Kerze darauf wird angezündet, wenn im Lauf des Heiligen Abends feierlich das Jesuskind in die Krippe gelegt wird. So können Sie den festlichen Nachtisch zu einem neuen eindrucksvollen Ritual nutzen.

Spezialtipps für radikale Vereinfacher

Warum muss immer ein Baum abgeschlagen und in Ihre Wohnung gebracht werden? Es geht doch auch anders herum: Sie gehen mit Ihrem Partner, Ihrer Familie oder mit Freunden am Heiligen Abend in einen nahe gelegenen Wald, suchen sich dort eine schöne Tanne aus und schmücken sie mit Sternen, Lebkuchen oder Vogelfutter. Dann singen Sie dort Weihnachtslieder oder lesen das Weihnachtsevangelium.

So eine Waldweihnacht können Sie auch als Ergänzung zum normalen Christbaum veranstalten. In der abendlichen Dämmerung ist sie eine Art Sonderausgabe der »Blauen Stunde« (siehe Seite 55).

Sie können sich auch den Aufwand mit dem Baum ganz sparen und trotzdem ein stimmungsvolles Weihnachtszimmer haben: Ersetzen Sie den Christbaum durch ein großes Tablett mit vielen weißen Stumpenkerzen in verschiedenen Größen, zwischen die Sie ein paar Christbaumkugeln legen, die das warme Kerzenlicht reflektieren. Dicke Stumpenkerzen halten lange. Die restlichen Kerzen können Sie nach dem Fest im Badezimmer verwenden. Ein Schaumbad bei Kerzenschimmer ist ein preiswertes und sanft stimmendes Wintervergnügen.

So gelingt der Heilige Abend

Eines der häufigsten Argumente gegen einen veränderten Weihnachtsablauf lautet: »Wir machen es doch nur wegen der Kinder.« Wenn Sie diesen Satz wirklich ernst nehmen, sind Sie auf dem Weg zu einem guten, einfachen Weihnachtsfest: Kochen Sie das Lieblingsessen der Kinder. Es ist nur selten etwas Aufwändiges. Beschränken Sie sich beim Schmuck auf einen prachtvoll dekorierten Weihnachtsbaum und eine schöne Krippe. Alle anderen Dekorationen werden von Kindern meist nicht wahrgenommen. Kaufen Sie keine feinen, empfindlichen Kleidungsstücke, die eigentlich nur am Weihnachtsabend getragen werden können. Und beginnen Sie mit den Vorbereitungen für den Heiligen Abend, wenn auch ein Kind damit beginnen würde: am 21. oder 22. Dezember.

Lieder für alle Nichts ist für die gute Weihnachtsstimmung so wichtig wie die richtige Musik. Wenn Sie selbst singen und musizieren können, sollten Sie von vornherein vereinba-

ren, dass am Heiligen Abend Lieder gesungen werden, etwa nach dem Anzünden der Kerzen am Christbaum, aber noch vor dem Auspacken der Geschenke. Besorgen Sie rechtzeitig Liedblätter für alle.

Wenn Sie nicht singen können oder wollen, veranstalten Sie Ihre eigene »Wunschmusiksendung«. Jeder bringt auf CD seine liebsten Weihnachtslieder mit, und die werden dann gemeinsam angehört. Grundregel: Jeder darf auflegen, was ihm gefällt; es wird nicht beurteilt und zensiert. Allerdings muss Weihnachten im positiven Sinn darin vorkommen. (Mit aggressiven Weihnachtsgegnern funktioniert es nicht.)

Geschenke auspacken ohne Peinlichkeiten Wenn Sie ein Geschenk bekommen, das Sie bereits haben, dann nehmen Sie auch dieses Prä-

sent gelassen entgegen: »Das ist so wunderschön, dass man es ruhig zweimal haben kann. Wir finden bestimmt jemanden, den wir damit ebenso glücklich machen können. Danke, dass du auf so etwas Schönes gekommen bist.«

Bei jedem landen hin und wieder völlig unpassende Geschenke. Fühlen Sie sich keinesfalls verpflichtet, sie auch behalten zu müssen. Werden Sie unpassende Gaben gleich wieder los, per Umtausch, Annonce oder per Verkauf bei eBay. Besser, Sie erzielen nur einen Teil des Wertes, als dass ungeliebte Sachen Ihren Lebensraum blockieren. Nutzlose Geschenke sind besonders lästiger Ballast. Haben Sie keine Angst davor, dass der Schenkende Sie besuchen und dabei das Fehlen seines Geschenks bemerken könnte. Falls er wider Erwarten eine Bemerkung macht, bleiben Sie möglichst nahe an der Wahrheit, ohne ihn zu beleidigen (»Deine grüne Vase hat meiner Schwester so gut gefallen, da habe ich sie ihr überlassen.«).

Wenn alle ihre Geschenke gleichzeitig aufmachen, ist viel Unruhe im Weihnachtszimmer. Nehmen Sie sich lieber die Zeit, die Geschenke nacheinander auszuwickeln und gemeinsam zu würdigen. Erleben Sie miteinander die Freude des Beschenktwerdens. Dabei kommt jeder abwechselnd dran, zuerst die Kinder und dann die Erwachsenen.

Weihnachten ohne Zoff

In vielen Familien ist Weihnachten alles andere als friedlich. Durch überzogene Erwartungen, Sehnsucht nach Harmonie, Druck im Beruf und in der Schule wird Weihnachten oft eher ein Fest der Erschöpfung statt der Liebe. Außerdem halten ohnehin Gestresste das dreitägige »Aufeinanderhängen« zu Weihnachten selten ohne Krach durch. Schuld daran sind mangelnde Kommunikation und Rücksichtnahme. Andererseits zeigt der Weihnachtsknatsch auch, dass man sich eigentlich nach etwas anderem sehnt, nach dem »echten« Weihnachten, das allen gut tut.

Stellen Sie sich vor, dass die Heiligen Drei Könige jedem in Ihrer Familie drei kostbare Geschenke unter den Baum legen – mit der Bitte, sie nicht zu behalten, sondern gleich weiter zu schenken: Freundlichkeit, Humor und Anerkennung. Fangen Sie sofort an, sie zu verteilen, und Ihr Weihnachtsabend wird tiefgründig und fröhlich werden.

Freundlichkeit Freundlichkeit, so heißt es, ist die heitere Schwester der Höflichkeit, die jeder Mensch erwarten darf. Damit es Ihnen leichter fällt, Ihre freundliche Seite zu zeigen, machen Sie sich vor dem Heiligen Abend mit einem kleinen Ritual frei von allem, das Ihre Stimmung niederdrücken könnte. Stellen Sie sich vor, dass Sie Ihre miese Laune, Angespanntheit, Müdigkeit, Sorgen, vielleicht Ihre diesjährige Weihnachtsunlust und ähnliche negative Stimmungskiller wie Säcke voller Müll vor die Tür stellen. Wenn der Weihnachtsmann oder das Christkind kommt und Ihnen das Geschenk der Freundlichkeit bringt, nimmt er bei der Abreise Ihre Säcke voller Sorgen mit.

Humor Begegnen Sie peinlichen oder angespannten Situationen mit Humor. Das bedeutet aber nicht, dass Sie sich über Menschen, die von Weihnachten gestresst sind, lustig machen. Hu-

mor erweist sich vor allem darin, dass Sie über sich selbst lachen können und Schwierigkeiten nicht zu schwer nehmen. Zeigen Sie, dass Sie mit Pannen und Fehlern, mit unpassenden Geschenken oder verpatzten Augenblicken gnädig, gelassen und großzügig umgehen können. Das geht am leichtesten, indem Sie sich selbst humorvoll auf die Seite der Unvollkommenen schlagen: »Ich bin hier doch der größere Esel, und selbst der durfte mit an die Krippe!« oder: »Weißt du noch, wie ich letztes Jahr bei deinen Eltern alles vermasselt habe? Und du das am Ende wieder hingebogen hast?«

Anerkennung Überlegen Sie sich vor Weihnachten, was Sie an den Menschen mögen, die mit Ihnen feiern werden. Jeder hat etwas, das ihn liebenswert macht. simplify-Tipp: Beschriften Sie einfache Christbaumkugeln mit den guten Aspekten Ihrer Familie und nutzen Sie sie als Dekoration für den Baum oder den Tisch: »Peters Lachen«, »Teresas Gelassenheit«, »Omas Erfahrungsschatz«, »Helmuts Gewitzheit«. Besonders nobel sieht es aus, wenn Sie dunkle Kugeln mit einem goldenem oder silbernen Edding-Stift beschriften.

Der Weihnachtsgottesdienst

Egal, ob Sie während des restlichen Jahres ein guter Kirchgänger sind oder nicht – zum Weihnachtsfest gehört nach wie vor ein Gottesdienstbesuch. Erkundigen Sie sich rechtzeitig, wann welche Art von Feier angeboten wird: Familiengottesdienst bedeutet, dass viele Kinder dabei sind, meist ein Krippenspiel vorgeführt wird und es mitunter etwas unruhig zugehen kann. Mini- oder Krabbelgottesdienste sind für Familien mit ganz kleinen Kindern. Die Christvesper ist ein besinnlicher Abendgottesdienst für Erwachsene.

Der schönste Weihnachtsgottesdienst nach Ansicht der Kenner ist die Christmette am späten Abend (zwischen 22 und 23 Uhr), sozusagen der Höhepunkt für Gourmets. Der Zauber der Nacht wirkt für sich. Weder Superpredigt noch Spitzenmusik sind erforderlich, damit Sie einen gelungenen und vertiefenden Ausklang des Weihnachtsabends erleben. Ein besonderer Tipp: Vereinbaren Sie, dass Sie (wie es früher Brauch war) nach dem Gottesdienst schweigend nach Hause gehen, damit das geistliche Erlebnis in jedem nachwirken kann.

Schreiben Sie einen Kirchen-Wunschzettel

Hat Ihnen der Weihnachtsgottesdienst im letzten Jahr nicht gefallen? Haben Sie Verbesserungsvorschläge? Auch als selten auftauchendes Kirchenmitglied haben Sie das Recht, auf

Missstände hinzuweisen und mitzuhelfen, dass es in der Kirche menschenfreundlich zugeht. Schreiben Sie an Ihren Pfarrer oder Pfarrgemeinderat. Der Effekt kann enorm sein, denn die Kirchenprofis erhalten nur selten qualifizierte Rückmeldungen von ihren Kunden. Die Chance ist groß, dass einige Ihrer Wünsche in Erfüllung gehen. Listen Sie auf, worauf Sie getrost verzichten können und was Sie sich wünschen würden.

Bausteine für Ihren Hausgottesdienst

Für eine schöne Weihnachtsfeier brauchen Sie nicht unbedingt eine Kirche. Jahrhunderte lang haben Christen ihre Gottesdienste

in Privathäusern gefeiert. Wenn jemand in Ihrer Familie krank ist, die Kirche zu weit weg oder voraussichtlich überfüllt ist, dann machen Sie Ihr Weihnachten selbst. Die wichtigsten Bestandteile sind der Bibeltext und die klassischen Lieder, unterbrochen von Stille und Gebeten. Hier ist alles, was Sie für einen besinnlichen Hausgottesdienst brauchen.

Ein Gebet aus Lateinamerika zum Einstieg

Liebender Gott,
aus den Dörfern und Städten
sind wir unterwegs zu dir;
aus den Tälern und Bergen
sind wir unterwegs zu dir;
aus den Hütten und Häusern
sind wir unterwegs zu dir;
aus den Büros und Fabriken
sind wir unterwegs zu dir.
Mit den leidenden Brüdern und Schwestern
sind wir unterwegs zu dir;
mit den lachenden Kindern
sind wir unterwegs zu dir;
mit allen, die an dich glauben,
bilden wir ein großes Volk.
Als Bauleute des Friedens
sind wir unterwegs zu dir;
als Boten der Gerechtigkeit
sind wir unterwegs zu dir;

als Zeugen deiner Liebe
  sind wir unterwegs zu dir;
als Mitglieder deiner Kirche
  sind wir ein heiliges Volk.
Wenn wir das Brot teilen,
wenn wir die Schwachen stützen,
wenn wir die Verfolgten beschützen
  und für sie beten,
sind wir unterwegs zu dir.
Wenn wir nun dein Kommen
  in diesem Gottesdienst feiern,
bist du bei deinem Volk. Amen.

Das Weihnachtsevangelium: Lukas Kapitel 2, 1–20

1 Es begab sich aber zu der Zeit, dass ein Gebot von dem Kaiser Augustus ausging, dass alle Welt geschätzt würde.

2 Und diese Schätzung war die allererste und geschah zu der Zeit, da Quirinius Statthalter in Syrien war.

3 Und jedermann ging, dass er sich schätzen ließe, ein jeder in seine Stadt.

4 Da machte sich auf auch Josef aus Galiläa, aus der Stadt Nazareth, in das jüdische Land zur Stadt Davids, die da heißt Bethlehem, weil er aus dem Hause und Geschlechte Davids war,

5 damit er sich schätzen ließe mit Maria, seinem vertrauten Weibe, die war schwanger.

6 Und als sie dort waren, kam die Zeit, dass sie gebären sollte.

7 Und sie gebar ihren ersten Sohn und wickelte ihn in Windeln und legte ihn in eine Krippe, denn sie hatten sonst keinen Raum in der Herberge.

8 Und es waren Hirten in derselben Gegend auf dem Felde bei den Hürden, die hüteten des Nachts ihre Herde.

9 Und der Engel des Herrn trat zu ihnen, und die Klarheit des Herrn leuchtete um sie, und sie fürchteten sich sehr.

10 Und der Engel sprach zu ihnen: Fürchtet euch nicht! Siehe, ich verkündige euch große Freude, die allem Volk widerfahren wird;

11 denn euch ist heute der Heiland geboren, welcher ist Christus, der Herr, in der Stadt Davids.

12 Und das habt zum Zeichen: ihr werdet finden das Kind in Windeln gewickelt und in einer Krippe liegen.

13 Und alsbald war da bei dem Engel die Menge der himmlischen Heerscharen, die lobten Gott und sprachen:

14 Ehre sei Gott in der Höhe und Friede auf Erden bei den Menschen seines Wohlgefallens.

15 Und als die Engel von ihnen gen Himmel fuhren, sprachen die Hirten untereinander: Lasst uns nun gehen nach Bethlehem und die Geschichte sehen, die da geschehen ist, die uns der Herr kundgetan hat.
16 Und sie kamen eilend und fanden beide, Maria und Josef, dazu das Kind in der Krippe liegen.
17 Als sie es aber gesehen hatten, breiteten sie das Wort aus, das zu ihnen von diesem Kinde gesagt war.
18 Und alle, vor die es kam, wunderten sich über das, was ihnen die Hirten gesagt hatten.
19 Maria aber behielt alle diese Worte und bewegte sie in ihrem Herzen.
20 Und die Hirten kehrten wieder um, priesen und lobten Gott für alles, was sie gehört und gesehen hatten, wie denn zu ihnen gesagt war.

Die Weihnachtsmeditation des Angelus Silesius

Der Himmel senket sich herab und wird zur Erden,
wann steigt die Erd empor und wird zum Himmel werden?
Wird Christus tausendmal zu Betlehem geboren
und nicht in dir, du bleibst doch ewiglich verloren.
Erweitere dein Herz, so geht Gott da hinein.
Du sollst sein Himmelreich, er wird dein König sein.

Stille Nacht, heilige Nacht

Stille Nacht, heilige Nacht!
Alles schläft, einsam wacht
Nur das traute, hochheilige Paar.
Holder Knabe im lockigen Haar,
schlaf in himmlischer Ruh,
schlaf in himmlischer Ruh.

Stille Nacht, heilige Nacht!
Hirten erst kundgemacht,
durch der Engel Halleluja,
tönt es laut von fern und nah:
Christ der Retter ist da,
Christ der Retter ist da!

Stille Nacht, heilige Nacht!
Gottes Sohn, o wie lacht
Lieb aus deinem göttlichen Mund,
da uns schlägt die rettende Stund,
Christ, in deiner Geburt,
Christ in deiner Geburt.

Weihnachtsruf des Thomas von Kempen

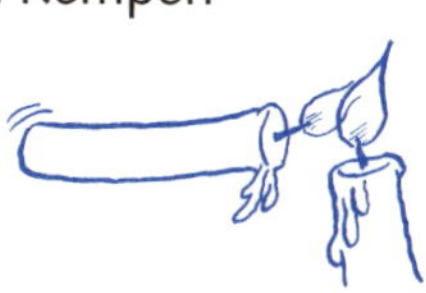

Diese Nacht darf nicht einsam sein
und nicht ohne Lobgesang.
Sie darf nicht dunkel bleiben,

sondern werde erhellt vom himmlischen Licht.
Zahllose Lichter sollen angezündet werden,
hier und in der ganzen Christenheit!

O du fröhliche

O du fröhliche, o du selige,
gnadenbringende Weihnachtszeit!
Welt ging verloren, Christ ist geboren;
Freue, freue dich, o Christenheit!

O du fröhliche, o du selige,
gnadenbringende Weihnachtszeit!
Christ ist erschienen, uns zu versühnen;
Freue, freue dich, o Christenheit!

O du fröhliche, o du selige,
gnadenbringende Weihnachtszeit!
Himmlische Heere, jauchzen dir Ehre;
Freue, freue dich, o Christenheit!

Franz von Assisis Weihnachtsgebet

Gott der Herr tat sein Erbarmen kund,
in der Nacht erklang sein Lied.
Das ist der Tag, den der Herr gemacht hat;
lasst uns jubeln und an ihm uns freu'n!

Das heilige und liebe Kind ist uns gegeben
als Gefährte auf dem Weg.
Die Himmel freuen sich, die Erde jauchze,
es juble das Meer und was es umschließt,
Die Felder und was darauf wächst.
Lobt den Herren, alle Nationen,
preiset ihn, alle Völker der Erde,
und ehrt den Namen des Herrn. Amen.

Weihnachtstipps für Scheidungsfamilien

Schöne alte Bilder vom trauten Familienleben werden wach, wenn für Geschiedene der Heilige Abend naht. Die Betroffenen sind hin- und hergerissen zwischen Schmerz (dass das Glück von früher vorbei ist) und Hoffnung (dass es für ein paar Augenblicke vielleicht doch wieder so wird wie damals).

Beides hat zu Weihnachten Platz. Denn Weihnachten ist das Fest der Menschwerdung, mit allem, was dazugehört, nicht das Fest der unbedingten Harmonie und Rührseligkeit.

Akzeptieren Sie die Situation Sehen Sie sich als Scheidungspaar und nicht als Scheidungsgegner. Das ist oft schwierig, denn der Trennung sind meist viele gegenseitige Verletzungen vorausgegangen. Sind diese zu tief, bringt gemeinsames Feiern nichts, auch nicht den Kindern zuliebe. Nur wenn es beiden Elternteilen gelingt, die folgenden drei Anforderungen zu erfüllen, hat Ihr Weihnachtsfest eine Chance:

- Ich werde zu Weihnachten alle Grabenkämpfe beiseite lassen.
- Ich werde die Kinder nicht gegen das andere Elternteil ausspielen.
- Ich werde die kindliche Loyalität nicht mit teuren Geschenken einfordern.

Beziehen Sie die Kinder in die Entscheidung ein Sehen Sie Weihnachten als Kinderfest. Fragen Sie Ihre Kinder, wie und bei wem sie Weihnachten am liebsten verbringen würden. Das heißt nicht, dass die Junioren allein den Ablauf des Festes bestimmen dürfen. Aber

bauen Sie in den Ablauf des Festes Rituale ein, die den Kindern Halt geben. Machen Sie sich und den Kindern klar, dass Weihnachten mehr bedeutet als die Verhältnisse in Ihrer zerbrochenen Familie.

Vielleicht gibt es bei Ihren Schwiegereltern ein großes Familienfest mit vielen anderen Kindern, Cousins und Cousinen. Auch wenn Sie sich selbst nicht in der Lage fühlen, dort mitzufeiern, gönnen Sie Ihren Kindern die Freude und holen Sie sie später ab. Reden Sie den Kindern kein schlechtes Gewissen ein nach dem Motto: »Dann bin ich ja ganz allein.«

Hetzen Sie nicht von Weihnachtsfeier zu Weihnachtsfeier. Das nimmt den Freiraum, sich innerlich überhaupt auf Weihnachten einzulassen. Besuche müssen nicht immer an den Feiertagen abgehakt werden. Die Kinder können die Großeltern auch anschließend in den Ferien in Ruhe besuchen.

Sprechen Sie Geschenke vorher ab Reden Sie offen mit Ihrem Ex-Partner darüber, wer wem was schenkt. Wenn das nicht gelingt, nehmen Sie das Geschenk des anderen tolerant hin. Sprechen Sie mit größeren Kindern darüber, was sie sich wünschen und von wem sie es bekommen wollen. Mindestens ein Wunsch sollte ihnen erfüllt werden. Geschenke sind stets auch seelische Botschaften und sagen etwas über Nähe und Distanz aus. Es gilt die Faustregel: Je näher ein Geschenk am Körper getragen wird (Schmuck, Parfüm, Bekleidung), desto besser sollten sich Sender und Empfänger kennen. Wenn sich die Beziehung verändert hat, darf sich das auch im Geschenk ausdrücken.

Die herrliche Zeit nach dem 24. Dezember

Der schönste Weihnachtstag ist eigentlich nicht die Heilige Nacht am 24. Dezember, sondern der Tag danach, der ruhige 25. Dezember. Der Trubel der Vorweihnachtszeit ist am ersten Weihnachtsfeiertag endgültig vorbei. Man könnte ihn als den simplify-Tag des Jahres bezeichnen. Denken Sie zurück an die Geburt Jesu: Ein Neugeborenes ist an seinem ersten Erdentag ganz still bei seiner Mutter. Die Verwandten halten sich mit Besuchen noch zurück.

Der 24. Dezember ist in den meisten Familien sehr stark strukturiert. Hier müssen Sie sich oft an die Riten halten, die in der Familie üblich sind. Die sprichwörtlichen hohen Erwartungen zu Weihnachten beziehen sich in erster Linie auf den Heiligen Abend. Den 25. dagegen dürfen Sie

freier gestalten. Verplanen Sie ihn nicht, etwa mit einem traditionellen großen Essen, das mindestens für den, der es zubereitet, einen ziemlich großen Druck bedeutet. Gehen Sie diesen Tag ruhig an.

Geben Sie sich in der Familie gegenseitig das Versprechen: Am 25. Dezember darf jeder tun, was er mag. Es gibt keine Regeln. Man darf ganz nach Laune ausschlafen, gammeln, sich mit den Geschenken beschäftigen, Musik hören, spielen, lesen und so weiter. Wählen Sie für Ausflüge, Verwandtenbesuche und Aktionen frühestens den 26. Dezember.

Einen Weihnachtsgottesdienst am 25. Dezember zu besuchen, ist eine gute Idee: kein Gedränge mehr, gute Luft und die Pfarrer sind entspannter als an Heiligabend. Aber die Festlichkeit der Heiligen Nacht schwebt noch im Raum und der Weihnachtsbaum leuchtet.

Schließen Sie das Familienhotel Weihnachten ist für viele verstreut lebende Großfamilien eine Zeit, an der man wieder zusammenkommt. Dabei haben sich bestimmte Muster eingeschliffen: Die einen sind immer

die (überforderten) Gastgeber, die anderen immer die Gäste (mit schlechtem Gewissen). Sprechen Sie das Thema offen an. Bitten Sie die Gäste, dieses Jahr im Hotel zu übernachten. Oder laden Sie sich selbst ein. Oder bitten Sie für dieses Jahr einfach um ein ganz, ganz ruhiges Weihnachtsfest – das Familientreffen kann ja auch einmal im Frühling oder im Sommer stattfinden und zwar an einem anderen Ort als ausgerechnet bei Ihnen zu Hause.

Wenn sich das Phänomen »Familienhotel« doch nicht vermeiden lässt, beugen Sie unschönen Situationen vor. Erwachsene Kinder, Eltern, Geschwister, alte Freunde – diese oft recht eigenwilligen Gäste haben sehr individuelle Wünsche und Vorstellungen von Weihnachten, und gerade Verwandte gönnen sich gern einen gewissen Freibrief zum Jammern, Nörgeln, Meckern, Kontrollieren und Einmischen. Machen Sie es wie die Hotel-Profis und stimmen Sie Ihre Gäste von Anfang an positiv ein. Schreiben Sie Ihren Gästen einen lieben Willkommensbrief, den Sie mit einem süßen Betthupferl aufs frisch bezogene Bett legen.

Wünschen Sie ihnen darin gesegnete Feiertage und danken Sie Ihrem Besuch vorauseilend dafür, dass er durch seine liebevolle, feine Art dazu beiträgt, gemeinsam ein friedliches, harmonisches Fest zu feiern. So manchem Zank können Sie mit dieser kleinen Vorab-Würdigung aus dem Weg gehen.

Wenn Sie größere Kinder haben, kennen Sie das besonders gut: Weihnachten ist ein einziges Kommen und Gehen, weil durch langes Aufbleiben, Ausgehen und spätes Aufstehen der gewohnte Rhythmus völlig aus den Fugen geraten ist. Es gibt keine gemeinsamen Mahlzeiten, dafür aber eine angespannte Hab-Acht-Stellung bei Müttern, die aus dem Stand heraus für Essen oder frische Socken zu sorgen haben. Hier hilft nur eins: Verweigern Sie an den Feiertagen konsequent den »Bereitschaftsdienst«. Wenn die Weihnachtstage entspannend sein sollen, dann auch für Sie!

Das gilt auch für das Wäschewaschen. Früher war es in gewissen Gegenden Sitte, dass zwischen Weihnachten und Neujahr nicht gewaschen werden durfte. Berufen Sie sich rechtzeitig auf diesen Brauch und stellen Sie eine Tube Handwaschcreme bereit. Jeder kann seinen Wäscheverbrauch dann so einteilen, dass er entweder mit seinem Klamottenvorrat auskommt oder sein Lieblings-T-Shirt eben selbst wäscht und bügelt.

Aufräumen nach dem Fest Meistens steht einer alleine da, wenn es darum geht, den Christbaumschmuck abzuräumen, die weihnachtliche Dekoration in der Wohnung einzusammeln und den Baum zu entsorgen. Das muss nicht so sein! Beenden Sie die Weihnachtszeit lieber festlich: Rufen Sie die Familie noch einmal zusammen oder laden Sie sich Freunde ein – mit dem Versprechen, dass im nächsten Jahr das fröhliche Ende von Weihnachten bei einem von ihnen begangen wird. Mit Glühwein, Punsch oder einem Gläschen Sekt wird zuerst aufgeräumt und danach ein Spiel gespielt.

Ordnung in der Weihnachtsdeko Trennen Sie beim Aufräumen alle Weihnachtssachen in drei Teile. Für jede Gruppe gibt es einen eigenen Karton:

1. Schmuck für die Adventszeit: Alles, was Sie ab dem 1. Advent brauchen, beispielsweise Dekoration für den Adventskranz. Malen Sie außen auf diesen Karton auf alle vier Seiten und oben als Symbol eine Kerze.
2. Die Sachen für den Nikolaustag: Bunte Teller, Nikolaussocken, Ruten zum Wiederverwenden. Das Symbol für diesen Karton ist eine Socke.
3. Christbaumschmuck: Das Symbol dafür ist ein Tannenbaum. Bevor Sie diesen Karton schließen, überprüfen Sie, was ersetzt oder ergänzt werden soll. Schreiben Sie eine Besorgungsliste für den Christbaum: neues Lametta, Lichterketten, drei Packungen Kerzen, fünf rote Kugeln, neue Baumspitze. Diese Liste legen Sie aber nicht in diese Kiste, sondern oben in den Karton für die Adventszeit. So können Sie Anfang Dezember in Ruhe alles besorgen und haben in dieser Hinsicht keinen Stress kurz vor dem Fest. Oder, noch schlauer: Sie kaufen jetzt, was es noch zu Sonderpreisen gibt, wenn die Händler ihre Weihnachtslager räumen.

Die abschließende Weihnachtsrunde Das gemeinsame Abräumen des Weihnachtsbaums ist der ideale Zeitpunkt für eine abschließende Weihnachtskonferenz ist. Was lief gut dieses Jahr? Was werden im nächsten Jahr doch lieber anders machen? Notieren Sie die Ergebnisse stichwortartig auf einem Zettel und legen Sie ihn zum Adventsschmuck. Wenn Sie nichts schriftlich festhalten, gehen die Ideen schnell wieder verloren – bis zur nächsten Weihnachtszeit vergehen schließlich noch fast elf ereignisreiche Monate.

So bedanken Sie sich richtig

Viele schieben Dankschreiben lange vor sich her, weil sie es besonders schön machen wollen oder weil sie es hassen. Beides ist unnötig, denn auch fürs Dankesagen gibt es einfache und erprobte Regeln.

Die amerikanische Vereinfachungsexpertin Kirsten M. Lagatree beantwortet ihre Weihnachtspost noch am Heiligen Abend. Unterm Weihnachtsbaum hat sie einen Packen Karten und einen Stift bereitliegen. Nach dem Auspacken eines Geschenks schreibt sie ihre spontane Freude auf die Karte, so frisch und munter, als ob ihr der Schenker gegenüber säße. Erst danach wendet sie sich dem nächsten Paket oder dem nächsten Weihnachtsbrief zu. Damit, so sagt sie, dehnt sie das geliebte Auspacken in die Länge, und der Schenkende bekommt durch Ihren »Livebericht« etwas vom Zauber Ihres Weihnachtsabends mit. Es ist immer besser, sich kurz und sofort zu bedanken als später und ausführlich.

Schreiben Sie Gefühle: Halten Sie Ihr Dankschreiben ruhig kurz. Schildern Sie nicht nur Fakten, sondern vor allem Ihre Gefühle gegenüber dem Empfänger Ihres Briefs. Das ist die wichtigste Botschaft, und die sollte nicht wegen anderer Nachrichtenübermittlung verloren gehen. »Eurem Paket war anzumerken, mit wie viel Liebe ihr es gepackt habt, und das hat mich tief berührt.«

Schreiben Sie konkret: Bedanken Sie sich nicht »für das schöne Geschenk«, sondern erwähnen Sie es ausdrücklich und erzählen Sie Details. Schildern Sie, wie Sie es benutzen werden, wo Sie es hinstellen: »Danke für den süßen, betenden Teddybär. Klara hat ihn gleich mit ins Bettchen genommen.«

Schreiben Sie ehrlich: Wenn Ihnen das Geschenk überhaupt nicht gefallen hat, dann lügen Sie es dem Anderen nicht schön. Bedanken Sie sich für die positiven Gefühle, die der Schenker ja sicher hatte, als er das Geschenk aussuchte: »Ich hab mich riesig gefreut, dass du an mich gedacht hast!«

Schreiben Sie mit der Hand: Vermeiden Sie bitte möglichst Computerbriefe. Und wenn, dann mit einer ausführlichen handschriftlichen Ergänzung und einem kurzen entschuldigenden Satz. Die Übermittlung per Fax oder E-Mail ist in Ordnung, wenn der Empfänger dieses Medium auch für den Kontakt zu Ihnen nutzt. Eine Alternative ist der persönliche Anruf, aber nur bei Menschen, in deren Privatsphäre Sie eindringen dürfen. Selbst nahe Verwandte freuen sich über ein schriftliches Dankeschön.

Legen Sie einen Danke-Vorrat an Für ein spontanes schriftliches Dankeschön fehlt oft

weniger der gute Wille als vielmehr das materielle Handwerkszeug. Legen Sie sich darum schon jetzt einen Vorrat von schönen Karten an – mit und ohne Motiv, einfache Postkarten und Doppelkarten mit Umschlag, eventuell ein kleiner Faxvordruck. Den deponieren Sie in der Nähe des Ortes, an dem Sie normalerweise Ihre Post öffnen. Machen Sie es sich zur Gewohnheit, aus einem Impuls heraus etwas Freundliches zu schreiben. Sie werden staunen, wie sich Ihr Beziehungsnetz damit spürbar verbessert.

Nächstes Jahr wird's noch einfacher Sehen Sie noch einmal zurück. Ist es Ihnen gelungen, Weihnachten zu vereinfachen? Was hat nicht geklappt? Was hat Sie positiv überrascht? Was soll nächstes Jahr unbedingt anders werden? Notieren Sie sich das am besten sofort, vielleicht im Vorsatzpapier dieses Buchs. Denn das ist das Allerschönste am Vereinfachen: Dass es nach und nach immer einfacher geht, mit einer festlichen Leichtigkeit, wie es sich für das Weihnachtsfest auch gehört.

Die Weihnachts-Checkliste

Am entspanntesten können Sie dem Weihnachtsfest entgegengehen, wenn Sie rechtzeitig mit den Vorbereitungen beginnen. Dabei soll Ihnen die folgende Checkliste helfen. Bitte verzweifeln Sie nicht, wenn Sie dieses Buch erst im November oder Dezember in die Hand bekommen: Das macht nichts! Auch dann können Sie hier noch genügend gute Tipps finden. Verwenden Sie diese schon im September beginnende Checkliste dann eben ab dem nächsten Jahr.

September

✓ Überprüfen Sie Ihre Adressenliste. Ist alles auf dem neuesten Stand? Welchen Menschen möchten Sie dieses Weihnachten etwas schenken? Beschäftigen Sie sich schon jetzt mit dem Thema Geschenke (wie es zur reinen Freude wird, erfahren Sie ab Seite 25).

- ✓ Tragen Sie die Menschen, die Sie beschenken möchten, in Ihr »Wer-wann-was-geschenkt-bekam-Buch« ein (was das ist, steht auf Seite 35).
- ✓ Gibt es Geschenkideen, die Sie mehrfach umsetzen können? Gibt es Geschenke, die eine längere Vorbereitung benötigen? Dann fangen Sie lieber gleich damit an!
- ✓ Für welche Personen haben Sie noch keinerlei Einfälle? Dann fragen Sie sie jetzt! Im Spätsommer schöpft keiner Verdacht, dass Ihre eigenartige Fragerei etwas mit Weihnachten zu tun haben könnte.
- ✓ Schießen Sie jetzt Familienfotos! Am Ende des Sommers sind die Menschen in der Regel am besten gelaunt und sehen am hübschesten aus, sonnengebräunt in freundlichem Sonnenlicht.
- ✓ Wenn Sie zum Weihnachtsfest reisen müssen, buchen Sie jetzt Flüge oder reservieren Sie bei der Bahn. Wollen Sie jeman-

dem eine Theater-, Opern- oder Musicalkarte schenken, dann sollten Sie sie jetzt kaufen.

Oktober

- ✓ Jetzt Geschenke kaufen oder bestellen! Denken Sie auch an Weihnachtskarten, Anhänger und Geschenkpapier.
- ✓ Beschäftigen Sie sich jetzt schon damit, wie Sie die Adventszeit dieses Jahr gelassen genießen können.
- ✓ Wenn Sie schöne Weihnachtsbriefmarken für Ihre Weihnachtspost haben möchten, ist nun der ideale Zeitpunkt. Das Kontingent ist begrenzt und oft schnell ausverkauft.
- ✓ Decken Sie sich mit Zutaten für die Weihnachtsbäckerei ein! Im November gibt es häufig schon Engpässe, weil das Plätzchenfieber meist epidemieartig ausbricht und sich die Kunden um gehobelte Mandeln oder Puderzucker raufen.
- ✓ Besorgen Sie sich Kartons, wenn Sie Pakete verschicken möchten.

November

- ✓ Machen Sie die Weihnachtspost fertig (Umschläge beschriften, Fotos beilegen und so weiter), aber kleben Sie sie noch nicht zu und senden Sie sie noch nicht ab. Vielleicht bekommen Sie von einzelnen Freunden ja ebenfalls Post oder gar Päckchen mit Geschenken und möchten in Ihrem Schreiben schon darauf reagieren.
- ✓ Checken Sie Ihre Weihnachtsdekoration. Brauchen Sie Ersatzbirnen? Neue Lichterketten? Jetzt ist die Auswahl noch groß.
- ✓ Ende November ist der ideale Zeitpunkt, um Plätzchen zu backen und das Haus zu dekorieren. Faustregel: Den Dezember freihalten!

Dezember

- ✓ Der Monat zum Genießen! Post und Geschenke sind vorbereitet. Wann genau Sie was abschicken, ist Ihre eigene strategische Entscheidung.

Eine schrecklich lange Liste? Werden Sie angesichts der vielen aufgeführten Punkte nicht mutlos. Die Liste ist in der Tat lang, aber die dafür zur Verfügung stehende Zeit ist es auch. Suchen Sie ausreichend viele Mitstreiter und tragen Sie die vorweihnachtlichen Pläne nicht im abschreckenden Jammerton vor (»Ich hoffe, dass ihr mir im Gegensatz zum letzten Jahr dieses Mal endlich helft«), sondern motivieren Sie sich und alle Familienmitglieder, dass Sie dieses Jahr von Hektik auf Gelassenheit umschalten möchten. Freuen Sie sich auf Ihr simplify-Weihnachten!